U0144994

台灣書房

台灣書房

五南出版

臺灣文化藏寶圖

林芬郁著

五南圖書出版公司 印行

嘉義

台南

安平古堡

高雄

旗津燈塔

N

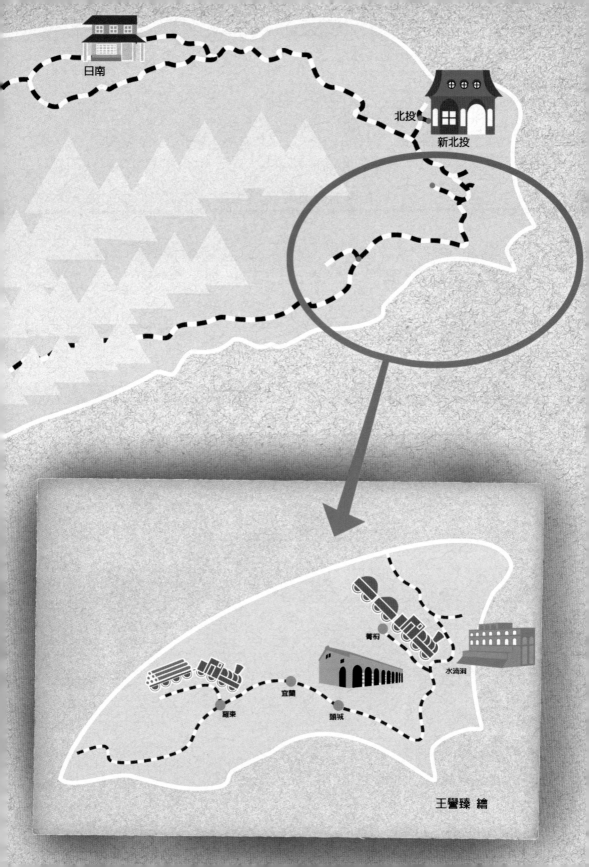

日南

北投

新北投

菁桐

水湳洞

羅東

宜蘭

頭城

王譽臻 繪

臺灣文化藏寶圖

推薦序

　　臺灣這些年關於旅遊的書寫非常多，但市面上比較常看見的，多是走文青風的那種閒晃「輕旅行」。並不是說這樣的「文青」或「偽文青」風不好，而是這般只追求一種「感覺」，對於歷史不重視而容易「大驚小怪」的優雅「輕旅行」，對於想要深入理解臺灣，尋訪真正土地上發生故事的讀者，都會覺得搔不到癢處。林芬郁的這本書，則提供了完全另一種不同的田野旅行步調，讓讀者重新領略寶島臺灣更深厚的歷史紋理與鄉土故事。

　　這本書讀起來，完全不是走文青風的「輕旅行」，反而有種非常沉重的「歷史味」。儘管作者林芬郁想要故做輕鬆，但是從產業、宗教、人文、自然景觀、聚落興衰一一談起，就一點也「輕」不起來。整本書讀來，彷彿拖著厚重的時光包袱，走在福爾摩沙的土地上，背負著深厚的歷史脈絡。

　　或許很多人看到這本書，會受不了東一句西元哪一年怎樣怎樣，西一句的西元哪一年又怎樣怎樣。但，這大概就是歷史人的田野筆記會呈現的面貌。所以說，儘管全書的編排，從開蘭第一城的噶瑪蘭之歌唱起，逆時針繞了臺灣一圈，講了北臺灣的礦業聚落，也拜訪了作者最熟悉的北投一帶，甚至繞到海線鐵路，又轉往嘉義臺南探訪不一樣的歷史故事，直到高雄哈瑪星而止，但其實每個點之間所密佈交會的，是一種更深更緊密的歷史時空網絡，而非只有點到即止的「輕旅行」。

　　這本書厚重的歷史味，卻在選材選點上又較為隨性地「輕」了起來。這不是一本工具書，所以不是有著完整架構並涵蓋全臺的那種大論著，反而像是作者的田野旅行歷史筆記。因此，一方面作者雖將每一個點的歷史時空與地景書寫整理得相當厚實，卻另一方面在選材上因為隨性的跳躍而又呈現出輕鬆的趣味。或許，在時間上的歷史沉重，與空間上的輕鬆隨性，交織出的，就是這本非常特別的書吧！

國立臺灣師範大學地理學系
洪致文 教授

自序

　　因為碩士班唸的是民俗藝術研究所，庶民生活與散落在民間的臺灣藝術，自然是我學習的田野教室。而研究其來龍去脈，則非探究其歷史不可，因此在求學過程中，多次田野經驗後，已培養出對一個完全陌生的新環境保有高度的敏銳度，並想要去瞭解其歷史脈絡與地景如何形塑的好奇心。

　　長期以來，感嘆臺灣的旅遊已淪落為「吃、喝、玩、樂」的境地，總認為缺少了些文化深度。但是說歷史、談文化，往往給人沉重的感覺，如何寫出帶有一點歷史文化味，又不會讓人如嚼蠟般乏味的「輕歷史」書，一直是我想嘗試做的。

　　曾經在學術與大眾路線之間徘徊，在不想迎合多眾的太生活化書寫，與低估群眾閱讀能力的情況下，我終究回歸到帶點學術味的路途。不是我不善感浪漫，而是考量從眾的話，自己必然淹沒在同質的市場中，因此最後選擇了「不與眾同」的輕歷史地理風格書寫。

　　我深信，有一群朋友早已厭倦了走馬看花式的旅遊，想要對臺灣更深一層認識的知性之旅，但卻又沒時間看相關書籍，於是我整裡一下這些年的田野調查與小旅行的資料，且微調一下剛硬的筆觸，與同好的讀者們分享。

　　書中地點的選擇看似隨意，但是從隻字片語中相信讀者可讀出我關懷福爾摩沙、

熱愛鄉土之情。不過，沒有太多激情，且沉著的書寫方式，是希望本書付梓後「作者已死」，看完書後讀者遠離書桌，出外走走之餘又能換來永不褪色的回憶，以不同的觀看角度各自寫下心情，慢慢累積專屬的生命厚度。

讓每一趟旅程都有不同的發現，讓每一次的逃離都有充電的感覺。其實，每個「歷史現場」的感動是罄竹難寫的，唯有親臨才能感受。而意外邂逅的驚艷，非得親身才能體會那雀躍。

本書的付梓，非常感謝五南出版社大膽的與一向多寫學術論文的我簽下書約。又容忍我中途因考上國立臺灣師範大學地理系博士班，延宕了出書的時程。但是，這個突如其來的美麗意外，正符合我興趣多元、廣泛與喜歡旅行的個性，更讓我在歷史的書寫中，以漫遊的腳程走出些許地理味，真正達到學以致用。

在此，感謝洪致文教授、楊燁先生、廖明睿先生，與中央研究院人文社會科地理資訊科學研究專題中心、打狗文史再興會社提供圖片。同時，由衷感謝在我田野調查與寫作期間給予協助的所有朋友們。更感謝指導教授洪致文老師幫不才的學生我寫推薦序。

噶 瑪 蘭 之 歌

●●●

　　不常到宜蘭，但是整治後的冬山河、有著大樹日式庭園的宜蘭設治紀念館……都讓我對宜蘭留下美好的印象。

　　尤其通過雪山隧道後，隨即一大片翠綠的稻田映入眼底，這種徹底離開喧囂都市的感覺特別強烈，讓我想一來再來，走進這世外桃源。

　　最近，金城武來「宜蘭文學館」（農林學校校長官邸）拍攝廣告，想必有一堆粉絲來朝聖吧？！

　　但是一直覺得臺灣的日式木造歷史建築都修得太過頭了，給人一種新的「渡假小木屋」的感覺，古建築的修復應遵循「修舊如舊」的基準（抽換腐朽，加入新材），而不是整個拆毀重建。

日治時期羅東驛的檜木材（廖明睿先生提供）

日治時期宜蘭廳蘇澳港（廖明睿先生提供）　　　　　　綠油油的三星蔥田

有著特殊地名的宜蘭

昔稱噶瑪蘭（Kavalan）的宜蘭，秋冬時節因為受到東北季風影響而多雨，與新竹的強風並稱「竹風蘭雨」。地勢平坦的宜蘭平原是蘭陽溪（古稱濁水溪）的沖積扇，溪的南北兩岸是平埔族噶瑪蘭人 36 社居住地，靠山地區則有泰雅族居住。

1796 年，墾首吳沙帶領漳、泉、粵籍人在平原的北端築第一個漢人聚落「頭圍」（今頭城）。漢人憑藉耕作技術、水利系統與土地私有制的經濟優勢，不久又建立二圍（頂埔）、湯圍（礁溪）、五圍（今宜蘭市）等武裝聚落，陸續佔領原住民居住地，原住民只好遷往他地另謀生存。

到宜蘭，大家會發現有很多「圍、結、城」的地名，這些都是以前開墾組織的單位。宜蘭平原上漢人的開墾制度很特殊，是由土地資本家與大結首提供資金、生產工具，並以武力奪取原住民土地居住、開墾的「結首制」。由「小結首」帶領 30-50 個農民編成的「結」，進行拓墾。

「結」下田園分成數份，農民各一份。「小結首」上有「大結首」，幾個「大結首」再共同推出「總結首」為領導者，負責帶領攻佔土地、維持治安、處理公共事務。

1812 年，通判楊廷理在五圍（今宜蘭市）設置「噶瑪蘭廳」廳治，築噶瑪蘭城，正式將宜蘭納入版圖。清代，宜蘭對外交通只有通往臺北的「淡蘭古道」，1874 年福建提督羅大春率軍開鑿蘇花古道，打通宜蘭南向的通路。1875 年噶瑪蘭廳升格為宜蘭

稻田景觀（宜蘭地區有著綿密的水路圳道，照片中藍色的是控制灌溉水圳流量的汴頭）

縣，設知縣負責治安、稅徵等。1885年劉銘傳開通烏來－宜蘭山路，也就是有「九彎十八拐」之稱的北宜公路前身，通往臺北的路更便捷了。

1895年，日本政府修建基隆－蘇澳間的軍備道路，改善宜蘭城的對外交通，更成為蘭陽平原經線軸的發展動線。之後以輕便鐵路將頭圍、羅東、叭哩沙[1]三支廳與宜蘭廳聯結，貫穿整個蘭陽平原。宜蘭線鐵路（1924）、北迴鐵路（1976）、濱海公路（1982）通車後，與西部的聯絡更加便利。

一向以農業立縣的宜蘭，1970年代除少數大型工業駐進外，只有地方性的小型產業，相較於同時期臺灣的工業化是落後的。1980年代宜蘭反六輕運動，確立了反汙染、重觀光的發展結構。

1990年代後，宜蘭以「環保、文化、觀光」為主軸、「文化治理」的地域空間策略的另類施政，打造宜蘭好山好水的休閒空間與地方文化，優質地景的再現，形塑了「文化宜蘭」的地方意象。

經過幾次大型的國際童玩節、國際名校划船賽、全國文藝季等帶動觀光後，為宜蘭帶來經濟發展新契機，也強化了居民的地方認同與驕傲感。

1　叭哩沙：包括現在的三星鄉、員山鄉粗坑村及大同鄉崙埤村一帶。

開蘭第一城

頭城（底圖：1926 年日治二萬
分之一地形圖，中央研究院人文
社會科地理資訊科學研究專題中
心提供）

　　1796 年，吳沙召募漳、泉、粵三籍人士進入宜蘭開墾，在宜蘭的北端
建立漢人第一個聚落「頭圍」，以抵禦原住民的攻擊，因此頭城有「開蘭
第一城」的美譽。

　　早期水路是宜蘭對外聯絡唯一的方法，位於烏石港南方的頭城，是文
化、經濟進入蘭陽的咽喉，烏石港連接內河道旁的「開蘭第一街」—「頭
圍街」（頭城老街），是當時商業的集散地。

　　以慶元宮為節點的頭圍街市街空間，推論是唯一貫穿南北的聯絡的主
要街道。1796 年創設，有「開蘭第一古」媽祖廟之稱的慶元宮是漳州廟宇，
俗稱「頭城媽祖廟」，主祀福建興化府莆田縣湄洲分香來的海神媽祖，冀
望媽祖能保佑海面漁船，因此廟門朝東面海。

古街餘韻

　　頭城老街上的「十三行」[2]，是當時的行郊和倉庫，見證了昔日船運貿

2　十三行：「行」是清代對外貿易，輸出、入百貨品銷售行郊的簡稱，緊臨
　　頭圍港的十三行街屋昔稱「十三行」，十三連棟的街屋是「前店屋、後合院」
　　的空間格局，騎樓廊道是不對外開放的內部走廊。目前僅二戶保存最為完
　　整，其餘皆已改建。

慶元宮舊照（翻拍）

開蘭第一城

南門福德祠　　　　　　　　北門福德祠

易繁榮的歷史。日治時期所建造的屋宇，如吳宅（頭城鎮和平街 129 號）、新長興樹記（121 號）、源合成與陳春記（51—61 號）與洋風建築的盧纘祥故居[3]（139 號）等宅第，記錄了頭城的開發、興盛到繁華落盡的歷史軌跡。

　　十三行到慶元宮的北段街道是郊商聚集地，1863 年頭城居民在街道的頭尾兩端興建北門福德祠[4]、南門福德祠，是全臺少數僅存街頭、街尾土地公廟的空間結構，明顯界定出商業鼎盛的頭圍街的空間範圍，在民間信仰上則有聚集與鎮守財氣的無形意義。

尋找消失的舊河道

　　1880 年代，小舢舨可直接抵達慶元宮與現和平街前的盧纘祥故居，直接與市街連結，帶動了頭圍的商機繁榮。1885 年新建的頭圍港，取代烏石港[5]成為蘭陽的重要港

3　盧纘祥故居：宜蘭縣第一任民選縣長盧纘祥故宅，1928 年竣工，由任職於總督府營繕科宋祖平先生設計及監造，是當時宜蘭縣最華麗的宅第。根據相關調查研究推論，故居前的水池當為頭圍港的內港遺跡。盧纘祥故居屬私有產權，現仍有家屬居仕管理維護，外觀與內部保存良好。

4　現今的北門福德祠是 1916 年所修建，與當時其他的土地公廟宇規模相較，是罕見的大型福德廟。

5　1883 年，美國大型船隻在烏石港觸礁沉沒，導致航道完全無法通行，河水改向東南流，從大坑罟南端出海。

（修復後）十三行與北門福德祠

老街屋與南門福德祠

盧纘祥故居（大樹左側）前的舊河道

盧纘祥故居

口之一。1924 年 8 月 5、6 日，山洪爆發，將頭圍港完全埋沒，頭圍街也隨之沒落，舊河道則演變成今日的臺 2 線省道。

軸線翻轉了

　　清末時，南北聚落形式的頭圍已達飽和狀態。日治時期，頭圍街西側發展出一條與它平行的的「新街」（今開蘭路），南北走向的新、舊街以狹窄的巷道串聯著。

　　公共建築如頭圍公學校（1898 年成立）、頭圍分駐所等，多分佈在新街上。宜蘭鐵路通車，東港、蘇澳港也取代頭圍港的機能等因素，「新街」的商業繁榮逐漸勝過舊街。

　　頭城因鐵道的開通，對外交通雖然更為便利，但是反而使得人口往宜蘭、羅東、蘇澳外流。隨著商業的沒落，舊街轉化為純粹居住的街道空間。

頭城街上的老屋

亭仔腳

老街屋

人文薈萃的宜蘭古城

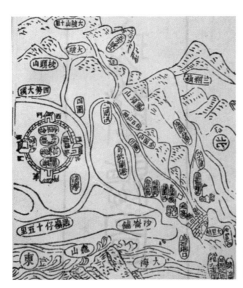

宜蘭古地圖，左邊是噶瑪蘭城（圖片來源：《諸羅縣志》）

　　1796 年漢人開墾頭圍後，續建二圍、湯圍、四圍，1802 年在宜蘭舊市區開墾第五個據點，圍地以防禦故稱「五圍」。依據墾拓路線，頭圍成為當時的區域中心，五圍居民的經濟活動與北側的頭圍往來密切，因此五圍的發展是由北向南逐漸展開。

舊城記憶

　　清代，以水路運輸為主，噶瑪蘭城的西門是最重要的渡船頭，貨物船行駛到碼頭上岸由西門進入城內，因此西門文昌街是當時行郊所在，也是最繁榮的地方，商業活動往東延伸到城內的十字大街與天后宮（昭應宮）前。

　　1808 年興建的昭應宮（宜蘭市中山路 106 號），主祀媽祖，位於城內貫通南北主要道路的中心點。1834 年地理師建議搬到對街重建，原址則改為戲臺。從此座東朝西的昭應宮，成為全臺罕見的面山背海的媽祖廟，保佑宜蘭子弟「科甲聯登」，果真文風大盛。

　　1812 年設治後，興建噶瑪蘭廳署、羅東司巡檢署、城隍廟、文昌宮、孔廟、天后廟等，重要公共建築都分布於城區的中、北部。1850 年左右，

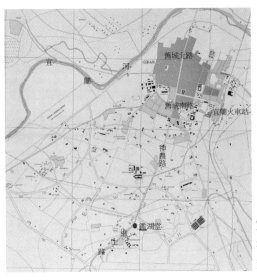

宜蘭市（底圖：1945 年美軍繪製臺灣
城市地圖，中央研究院人文社會科地理
資訊科學研究專題中心提供）

噶瑪蘭城已成為蘭陽平原的商業、政治、教化的中心了。

城市新面貌

　　日治時期設宜蘭支廳，實施「市區改正」，剷除了界定噶瑪蘭城的土圍與刺竹林後，改築成環城道路，也就是今天的舊城東、西、南、北路，並修築南北縱向道路（今中山路）作為城市發展的主軸。

　　因為舊城內臺灣人居住的空間已達飽和，所以日本人往城南外發展，興建官舍、出張所、郵便局、農林學校、小學校、公學校、專賣局、鐵道停車場、市場、宜蘭醫院、公園、監獄等公共設施。透過都市與建築法令的推行，宜蘭城的都市空間逐漸轉化成井然有序、現代化的都市。

新都市紋理

　　1932 年公布「市區計畫」，1936 年《臺灣都市計畫令》、《施行細則》實施，1939 年拓寬城內主要道路（中山路、光復路）、打通相接、鋪設柏油，呈現筆直寬廣的現代都市街道，有別於清代時舊有的彎曲狹窄巷弄，逐步進行的都市改造，形成新

日治時期宜蘭廳宜蘭街南門通入口（廖明睿先生提供）　　宜蘭設治紀念館日式庭院

的都市紋理。

　　羅東－礁溪段輕便車道（1904）、宜蘭－蘇澳段鐵路（1919），與宜蘭線鐵路全線（1924）相繼通車後，市區發展由舊城內延伸到城外東南方。加上各式公路運輸株式會社成立，這些現代的交通建設、運輸方式縮短了運輸時間。交通的便利帶來各式新的建築觀念，對宜蘭市的都市景觀與空間結構產生重大影響。

戀戀日治表情

　　舊城南門外是日治時期宜蘭的統治中心與政府機關所在，現在規劃爲南門林園，保留下完整的日式官舍建築群。1906 年興建的今宜蘭設治紀念館（舊城南路力行 3 巷 3 號），屬甲等日式宿舍的廳長官邸，日治時期至今歷經 20 多任宜蘭地方首長居住後（即舊縣長公館），屋內構造與格局曾數度改修，就外觀而論是一棟融合日本木造房舍與西洋建築折衷後的「和洋混搭」建築風。

　　1997 年修復後，再利用作爲「宜蘭設治紀念館」。除建築外，茂密繁盛近百年的老樹，被一併保留下來，加上日式庭園景觀，呈現幽雅恬靜氛圍。

　　宜蘭設治紀念館旁是 1906 年完工原是庶務課長的宿舍，戰後改爲縣府主任祕書公館。另外，同年竣工的農林學校校長官邸，屬乙等日式宿舍，1926 年宜蘭農林學校設立後改爲校長宿舍。目前是宜蘭文學館，但已委外經營咖啡館。

宜蘭設治紀念館庭院

原農林學校校長官邸（金城武拍廣告的那一間）

登瀛書院（本土連續劇「風水世家」曾在此拍攝）　　　　鑑湖堂旁的古厝

氣派優美的鑑湖堂聚落

　　一走入進士路，就被行道樹和池塘的美景所吸引。來自福建漳州漳浦縣的陳氏家族先祖，曾在臺灣苗栗拓墾，1860 年代陳宣梓、陳宣石堂兄弟來到宜蘭開墾後，以故鄉地名「鑑湖」之名，興建宅第「鑑湖堂」。

　　經過數代努力後，陳家成為當地大家族，全盛時期擁有的土地超過 300 甲。陳宣石各房居住在祠堂前的「前頭厝」，祠堂後的「後頭厝」是陳宣梓家族的宅第。

　　二次大戰期間，鑑湖堂因位於軍機場附近，因而遭到美軍轟炸波及，戰後鑑湖堂僅重建正廳，做為家廟祭祀場所。散落於庭園的建築殘塊、碑石，好似石頭密碼般引人好奇。家廟的右側較完整的三合院古厝，是陳家第八房的宅第。

　　鑑湖堂外沿著小路往前行，水田路旁畔，有一座看似寺廟的「登瀛書院」，是1860 年代陳氏家族所創建的私塾，「登瀛書院」原為土牆茅簷，後來改為磚瓦，因而有「瓦學」之稱。

鑑湖堂庭園中的石頭密碼

林芬郁攝影　　鑑湖堂

「紅蜻蜓」的窩

　　不遠處，水田旁有二座二次大戰時日軍留下來的戰機機堡（或稱飛機掩體），做為保護與躲藏軍機之用。機堡以鋼筋水泥砌成，弧形的屋頂上覆土植草偽裝，二戰時是隱藏機翼兩側塗上日本國徽紅太陽的「紅蜻蜓」的戰鬥機。

　　已登錄為歷史建築的「進士里飛機掩體1」，整修後目前做為社區文教活動的場地，「進士里飛機掩體2」則無人使用。

進士里飛機掩體1

進士里飛機掩體2

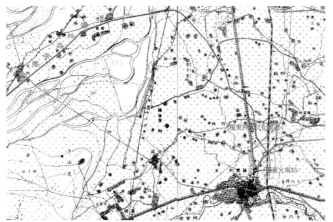

羅東森林鐵道（底圖：1926 年日治二萬分之一地形圖，中央研究院人文社會科地理資訊科學研究專題中心提供）

走讀羅東林業遺產

1910-1914 年，臺灣總督府實施「林野調查」以確定林野的官有與民有權。宜蘭濁水溪（今蘭陽溪）兩岸森林資源豐富，因為有泰雅族原住民居住，遲至 1914 年原住民歸順後，才進行調查，之後根據調查報告擬定開發計畫。

1914 年，總督府營林局在宜蘭郡下員山庄設置「宜蘭出張所」，進行開發濁水溪上游至嘉羅山一帶的森林，並利用溪流搬運木材。當時因資金有限，屬小規模開發。

1915 年開採太平山森林，在羅東開設製材廠，總督府將經營權轉移給「臺灣拓殖會社」後，更名為「太平山砍伐事業所」。1921 年「宜蘭出張所」與貯木池遷移至羅東，羅東因而後來居上成為宜蘭的經濟重心。

羅東森林鐵道

1921 年因宜蘭電氣興業會社擬在濁水溪建堤堰引水發電，無法再以水流方式運送木材，因此 1922 年 2 月開始興建森林鐵道，是年年底完成羅東到土場間 36.4km 的羅東線。

1924 年 1 月 27 日羅東森林鐵道全線開通，砍伐後送到土場的巨木以鐵道運到竹林「羅東出張所」的貯木場處理。羅東森林鐵道沿線設置 10

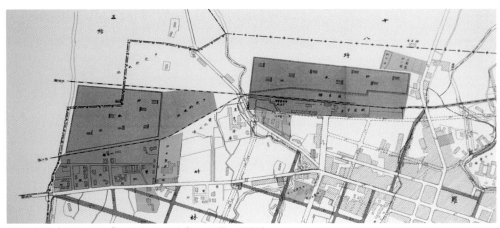

羅東林場（日治時期「羅東街市區計畫平面圖」局部）

座車站：竹林、歪仔歪、大洲、二萬五、三星、天送埤、清水、牛鬥、濁水、土場。
森林鐵路除運送木材外，為了便利沿線居民，1926 年後也提供沿線一般貨物與旅客的
交通輸運。

繁華羅東興起

　　林業開發初期，羅東街竹林段的營林所興建各項設施：辦公廳舍、鐵道棧房、機
關庫、修理工廠、貯木池、宿舍、倉庫等，順勢帶動營造業的發展。與林業相關的產
業如木材加工業、製材工廠、運輸業等提供許多工作機會，吸引外地人往羅東聚集，
人潮也帶來商機，各行業蓬勃發展。

　　太平山林場隸屬於林產管理局太平山林場，1949 年改組為太平山分場、大元山分
場[6]、太魯閣分場[7]，一時林業興盛。臺灣三大林場中最晚開發的太平山，因使用較先
進的設備，產量凌駕於八仙山和阿里山林場。

　　又因為外銷木業暢旺，許多嘉義木材商與從事木業的勞動人口紛紛遷移到羅東，

6　大元山分場：羅東大元山、十六份山等為主要區域，1942 年開始營業，1947 年併入太
　　平山林場，1963 年裁撤。
7　太魯閣分場，1951 年成立棲蘭山辦事處，1952 年停辦。

重建的竹林車站

奠定羅東鎮的繁榮,當時的木材製造業主要分佈在羅東鎮、三星鄉、五結鄉、冬山鄉等鐵路沿線。

二次大戰後,羅東森林鐵道由臺灣省林務局接收,改名「蘭陽林區管理局森林鐵路」,一般稱爲「羅東林鐵」。森林鐵道原以竹林站爲起點,1970 年由竹林延長 1 公里到羅東站北端,連接臺鐵宜蘭線[8],此後森林鐵道平地線改以羅東站爲起點。

1970 年代,與當地居民生活密不可分的羅東森林鐵道,幾乎每班車都客滿。羅東森林鐵道沿線可分爲:羅東-竹林間爲市街區,竹林-天送埤是田園風光,天送埤-牛鬥間行駛於河床區,牛鬥-土場間是山坡區,四種不同的風光景致。

告別林場

經數十年的砍伐,林業產量下降、環保意識等因素,1976 年後太平山限制伐木,從此運材與載客量銳減,加上羅東森林鐵道大部份沿溪畔興建,軌道每逢颱風、豪雨即被沖毀,1978 年黛拉颱風侵襲下,鐵道嚴重受損,此後即減少運輸量。在長期虧損下,終於在 1979 年 8 月 1 日廢除營運。

8　宜蘭線鐵道:八堵-蘇澳間,全長 97.6 公里,1924 年 1 月 21 日全線通車,宜蘭地區
　　對外聯繫產生革命性變化。

羅東市（底圖：1945 年美軍繪製臺灣城市地圖，中央研
究院人文社會科地理資訊科學研究專題中心提供）

　　1982 年太平山林場結束砍伐作業，因為林區內有亞熱帶、暖熱帶、冷溫帶等三個
林帶外，還有仁澤溫泉、高山湖泊、各式植物、林業鐵道、索道、蹦蹦車、棧道等資源，
之後轉型發展森林遊憩事業。

羅東鐵道文化園區

　　1923 年通車的羅東森林鐵道，是載林木的專用鐵路，1926 年才兼營客運。1979 年
8 月羅東森林鐵道停駛後，沿途的鐵軌也拆除了。1994 年成立「宜蘭縣風景區管理所」，
發展「無煙囪工業」，將太平山林場木材集散地的竹林驛，規劃為「羅東鐵道文化園
區」。

　　羅東林鐵的終點竹林⁹驛，是林鐵平地段的大本營，火車停駛後竹林驛木造站房改
為林管處的汽車調度所。目前園區的竹林驛是依照原車站建築重建的，車站後方留有
一小段經林務局整理後恢復的舊鐵道，細心觀察 762mm 的軌距，較一般的國際標準軌
距（1,435mm）窄許多，車廂相對的也較小，所以被稱為「五分仔車」，車站旁邊展示
曾經奔馳於森林間的 8、9、11、12、15 號舊火車頭。

9　昔日竹林密佈，故名「竹林」。

日治時期羅東驛的檜木材（廖明睿先生提供）

載運木頭的火車

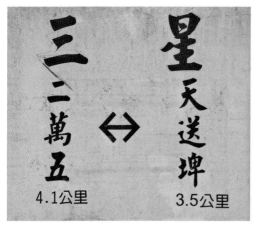
三星車站站牌

大洲車站站牌

林芬郁攝影
羅東鐵道文化園區展示的蒸汽火車頭

　　林場內有一個大面積的貯木池，木材砍伐後貯存在水中是防止遇熱變形、龜裂，以保持木材完整。而浸泡在水中的原木會釋放出樹脂，延長木材使用年限。不再使用的貯木池，現在轉變成自然與遊憩的生態池。園區內也保留下林業時期的宿舍群，分為甲種洋房宿舍、乙種雙併日式宿舍、丙種技工宿舍與貯木工人宿舍。

　　羅東森林鐵道10座車站中唯一較「原汁原味」被保留下來的是三星鄉天福村內的天送埤車站，木造站房主體結構完整，車站旁有林務局員工宿舍、加水塔與機關車調度迴轉盤。

林芬郁攝影

木頭香味撲鼻的貯木場

林芬郁攝影

貯木池（後方有火車正通過）

天送埤車站

林芬郁攝影

天送埤車站的加水塔（左）與日式舊宿舍

龜山島尋奇

龜山島是宜蘭的精神地標
（廖明睿先生提供）

　　龜山島長期以來是軍事管制區，直到 2000 年才開放一般民衆登島參觀，但是須事先申請，加上天候、人數管制、開放時間等因素仍不甚方便，所以一直矇著一層神祕的面紗。在一個非常偶然的機會下，我終於渡海來到這似乎遙不可及的龜山島。

海上火山孤島

　　龜山島是火山噴發與自然界長期沖刷後所形成的島嶼，由宜蘭大里眺望，形狀貌似海龜而得名。東西寬約 2 公里，南北長約 1.5 公里，最高處是島中央的 401 高地[10]。龜山島氣候溫暖濕潤，全年多雨。

　　龜山島在地形上可分爲龜首，龜甲，龜尾等三部份，岩層主要是由安山岩質的熔岩流和火山碎屑岩層所構成，沿海岸峭壁陡峭。龜首呈橢圓錐狀，由火山碎屑岩所組成。龜甲呈方形，向西北呈扇形開展的山坡，以熔岩流和火山碎屑岩的互層爲主，龜尾是礫石所組成，島上有龜潭、龜尾潭兩湖泊。

10　山嶺海拔高度是 398 公尺，駐軍興建 3 公尺高塔，總高爲 401 公尺。

由龜山島遠眺對岸的宜蘭

龜山島一角

廢棄村落（道路盡頭是普陀巖）　　村落中殘留的鋼筋水泥的建築物是 1955 年左右才興建的

　　根據文獻記載，1830 年代福建漳州與頭圍漳州人得知龜山島漁場豐富後，始移民到島上。之後，宜蘭地區居民為躲避匪亂、傳染病等，也移居這裡過著遺世獨立的日子。

　　清末日治初期，島上興建「拱蘭宮」（拱護蘭陽之意），原供奉哪吒，後來居民拾獲海上漂來的媽祖，因媽祖神階較高而尊為主祀神明。拱蘭宮不只是當地居民的信仰中心，廟宇同時也充作學堂，聘請老師教授漢文，曾整修過二次。

　　日治時期，龜山島隸屬宜蘭郡頭圍庄龜山堡，1897 年日本政府登島調查人口時，島上居民將近 500 人左右。1910 年代後，警察官吏派出所內附設國語講習所，由島上唯一警察官山下早實夫婦教授日本語。

　　島上人口最多時高達 538 人，由水潭邊擴展到防波堤、山邊，聚落密集於廟宇前，約略有五排住宅。年輕男性多討海維生，年長男性與婦女耕種蔬菜、花生，或砍柴、養豬等貼補家用。少數居民因生計問題，曾到頭圍、花蓮工作。

　　日治時期，繼《龜山島調查書》、《龜山島探險報告書》與《臺灣新報》的《龜山島紀行》系列後，也陸續有人寫下龜山島的生活歷史記錄。

全村移居

　　二次大戰後，聚落更名為椒山村，隸屬宜蘭縣頭城鄉，並設置龜山小學。

　　龜山島附近有黑潮經過，是良好的漁場，但缺乏良港，以致漁業發展受限。漁船

龜山島聚落全景

龜山島一隅

龜山島碼頭

遠觀龜山島島上軍事設施　　　　　近看龜山島島上軍事設施

改用馬達動力後，龜山島的漁船都到南方澳停泊、加油、修船，後來有很多居民遷移到南方澳定居。

　　龜山島築港工程連續失敗，又因為醫療、求學、工作的因素，在交通極不便的情況下，居民開始移居島內。1974年龜山島多次遭受颱風豪雨侵襲，居民受困二星期幾乎斷糧後，便有人提出遷村的意願[11]。

　　1977年政府在頭城鎮大溪里輔助興建106戶仁澤新村（國宅），龜山島居民全部移居此地，遷村時拱蘭宮的媽祖也隨同移駕。同年龜山島改隸軍方管制區域，是陸軍蘭陽師長期駐守的島嶼，與國軍演習的靶場，一般民眾不能登島。1999年駐守龜山島的國軍官兵將島上的拱蘭宮改名「普陀巖」，廟內也供奉著媽祖與哪吒等神明。

　　2000年8月起，每年3-10月開放登島觀光，但施行總量管制。遊客參觀時間以當日往返為原則。龜山島上火山、地熱、斷崖、懸谷等地形景觀壯觀優美，生態資源完整，適合生態觀光、旅遊。

11　龜山島有四次大規模遷移：明治年間遷回頭圍，大正年間遷往花蓮、蘇澳等地區，昭和
　　年間遷移南方澳，與1977年集體遷村到頭城鎮大溪里。

烏石港

交通資訊

- 頭城和平老街：國道 3 號頭城交流道下→右轉青雲路三段→青雲路二段，慶元宮左右兩側即是頭城和平老街。
- 宜蘭設治紀念館（宜蘭市舊城南路力行 3 巷 3 號）：國道 5 號下頭城交流道→臺 9 線往宜蘭方向→宜蘭市→中山路→右轉舊城南路
- 鑑湖堂：（宜蘭市進士里進士路 36 號）國道 5 號下頭城交流道→宜蘭市嵐峰路→進士路
- 「進士里飛機掩體 1」：進士路 24 號旁，「進士里飛機掩體 2」：進士路 20 號旁。
- 羅東鐵道文化園區：國道 5 號下羅東交流道→縣道 196 →右轉中正北路
- （搭火車：羅東火車站前站出，直行至中正北路右轉，約 1,000 公尺）
- 龜山島：（須事先申請）在烏石港搭船前往。

水金九礦城探祕

●●●

　　10多年前被一則唯美的咖啡廣告吸引上山，當時的九份商店並不多，還保有與世無爭的純樸氣息，我喜歡在遊客未上山的一大早來到這裡，漫步在雲霧裡的山坡聚落，尋找「悲情」的韻致。也喜歡在不同的季節上山，領略「春櫻花、夏清風、秋芒花、冬雲霧」不同的風情。

　　位於臺灣東北角的山城，聚落的發展與礦業的興衰有著密不可分的關連，九份歷經1914-1918和1937-1941兩次黃金時代，造就聚落的繁榮景象。隨著礦業的停採，遺留下來的礦業遺址和聚落人文景觀，卻別具滄桑淒涼的美感。

　　金瓜石與水湳洞目前還保留採礦地、選煉廠房、部分礦車軌道、礦工聚落、行政建築等，雖然有些部份因天候或人為的關係已經毀損，但是整體的礦業景觀仍然真實的反映過往輝煌的礦業生產年代。

日治時期基隆金瓜石礦山全景（廖明睿先生提供）

戀戀九份山城

九份、金瓜石、水湳洞衛星影像（底圖：2010 年福衛二號影像，中央研究院人文社會科地理資訊科學研究專題中心提供）

　　九份地區因礦脈露頭風化，融蝕於水中，隨著溪水流到基隆河形成砂金。1891 年基隆河引發了淘金熱後，基隆山附近聚落才漸漸發展。九份因瀕臨海岸，有明顯的季節型氣候特徵，冬季因東北季風影響，陰雨連綿，雲霧瀰漫。

　　九份特殊的地形和氣候的自然景觀，對聚落建築影響十分深刻。建築物依山興建，錯落中卻有著特殊紋理。為了適應九份背山面海的地形，及雨多風強的氣候型態，昔日多在屋頂鋪蓋防水、防風、易保養、且便宜的黑屋頂「油毛氈」，或是蓋冬暖夏涼的「石頭厝」，塑造出灰黑色的迷人山城景致。

　　未經規劃的房屋緊密擁擠、層層疊錯，迂迴於其間的石階道，沿著山勢呈自然有機發展，加上狹窄的穿屋巷和門口埕，在九份交錯成隨性，卻不失序的獨特空間美學，使得山城更散發出迷人的魅力。

過往的黃金歲月

　　康熙年間（1684-1722），九份就有產金的記載，但是一直到 1890 年劉銘傳興築臺北－基隆間的七堵鐵橋（今大華橋）時，曾經在美國採金的粵籍工人在基隆河發現砂金，從此帶動基隆河流域沿岸淘金的熱潮。1893

山城九份

九份秋天滿山的芒花

九份聚落特殊的「穿屋巷」

九份聚落的「油毛氈」黑屋

日治時期興建的屋宇

油毛氈

年，因為曾在美國採金的潮州人李家，在九份發現小金瓜石露頭（沙金的源頭），立刻吸引許多淘金客前來，九份由原來只有九戶人家的貧窮村落，瞬間聚集了3、4,000人的淘金人口。

1896年，日本的「藤田組」取得礦山採礦權後，隨即作有系統的開採。1903年興建輕便車和空中索道載運礦砂。1907年興建水力發電廠，做為搗礦機械運轉的動力。1918年，顏雲年收購瑞芳金山礦業權，分區包給資本家，再分坑下包給採金者或小資本家的「三級租包制」，創造了每個人都有發財的機會，吸引大量人口遷移到這裡，因此1914-1918年締造了九份礦山第一次的黃金時代。

1895年後，到九份的採金者由投機性的過客心態，逐漸有落地生根的「定居意識」。隨著礦山的繁榮，提供礦工基本生活物資和各種服務業、娛樂設施開始蓬勃發展。當時礦工分三班制入坑工作，整個九份就恍若一座「不夜城」般，所以有「小香港」或「小上海」的別稱。1914年由宜蘭人吳天生和吳樹桑經營的「九份戲院」（今昇平戲院），是最大眾化的娛樂消費場所。

上品送「不夜城」

採金的黃金年代，礦工常常呼朋引伴到酒家、茶室或小吃店飲酒作樂。由於九份地區消費力強，舉凡上等貨都會先送到這裡販賣，因而有「上品送九份，次品送艋舺」的俚語。九份的商業服務和特種行業，也成為鄰近聚落的供給站，迅速躍升為臺灣北部郊區的區域消費中心。

1920年顏雲年合併所有瑞芳礦區的礦權，成立「臺陽礦業株式會社」。瑞芳—九份—金瓜石間的輕便鐵道（1931）、自動車路（1937）完成後，九份對外的運輸交通更臻完備。

1937年，發生九一八與七七事變，黃金需求量大，日本政府頒布補助的法令規章，與免徵礦業所得稅等刺激黃金生產的政令，使得九份再度創下產金的高峰期。1937年至1941年太平洋戰爭爆發前，可說是九份第二次的「黃金時代」。

山谷間的廢棄村落

繁華褪盡

　　1949 年實施幣制改革，舊臺幣四萬元只能兌換新臺幣一元，手上的貨幣一夕急貶。為了保值，持有黃金才是王道，因而造成黃金交易市場活絡。1951 年政府禁止黃金自由交易，經濟也穩定下後，黃金熱潮才漸漸退溫。

　　礦山在多年採掘後，已逐漸降到海平面以下，加上 1957 年後金礦幾乎已採盡了，1971 年 12 月臺陽公司正式結束營業後，大量青壯年人口外移，只剩下無力遷出和上了年紀的老礦工與幼童繼續住在九份，形成純粹以居住為主的聚落，自此九份的黃金山

已廢村的大粗坑 （吳念真導演的故鄉）

城歲月正式劃上句點。

　　臺陽公司爲照顧礦工，以極低的價格將土地使用權租給礦工蓋屋居住。九份因爲未列入都市計畫範圍，所以不必申請建築執照，甚至一邊興建，一邊計畫，很隨性。

　　臺陽公司停止生產後，九份的聚落與經濟發展呈現停滯狀態。然而，正因爲此形同休眠期的經濟發展，使得昔日礦業文化資產和聚落美學得以保存下來，具有特殊韻味的時空場景，竟意外的成爲日後觀光發展的重要資源。

臺陽礦業事務所正面局部

到九份尋鄉訪舊情

　　經過 1970 年代末期的「鄉土文學」運動，1980 年代追求鄉土意境的藝術家，心儀九份環山面海的自然地理條件和獨特的建築、人文景觀，加上房價便宜，紛紛駐進。以九份礦村為背景的鄉土電影：「戀戀風塵」、「悲情城市」、「無言的山丘」上映，和唯美手法拍攝的「伯朗咖啡」廣告，在電視媒體刻意營造出「藝術的九份」與「懷舊的九份」情境催化下，這原始、自然、未被現代文明污染的美麗山城，正符合都市人尋找原鄉、懷舊的氛圍，因此一炮而紅，引來尋找鄉愁的都市人群。

　　1991 年，九份開設了第一家茶藝館，因為業績不錯，立刻有外地人效法，一時之間藝術的、懷舊的茶樓、咖啡館等如雨後春筍般的開張，自此開啓了九份觀光產業，為九份展露了第二春的生機。在報章雜誌等媒體的加溫下，使停滯、沉寂已久的黃金山城恍若從沉睡中甦醒般，驟然間成為熱門的觀光勝地，週末假日遊人如織，為九份注入新的生命力和開啓另一波的繁榮。

　　但伴隨茶藝館、商店、民宿的爭相開設，居民因經濟改善或建築老化而修繕等種種因素下，加上建築物不列入管理，大家競相加高樓層以獲得最佳視野，最後造成許多突兀、不協調的建築型式交錯聳立在山城，對聚落原本純樸的自然景觀與特殊的歷史文化造成衝擊。

　　漸失去地方特色的九份，已面臨與其他觀光地區同質化和文化資源商品化的危機。現在，我總選擇在非假日的時候上山，漫無目的的穿梭在宛如迷宮般的窄巷弄間，才能尋回封藏在心中的那份靜謐。

臺陽礦業事務所
（正面）與「修路碑」

臺陽礦業事務所

　　1937 年竣工的臺陽礦業事務所，曾是臺陽金礦的指揮中心。折衷式樣、加強磚造的建築，外觀以洗石子處理基座線腳，牆身貼附黃褐色十三溝面磚，造型洗鍊簡潔，流露著古典的風情，靜靜的矗立在遠離商業街的一隅，走近一窺全貌，細看才知它的美麗。

　　事務所因位於突出的山腰上，佇立在建築前的庭院，山海美色盡收眼底。庭院內，有紀念顏雲年和蘇湧泉出資興建瑞芳與九份之間保甲路而立的「修路碑」。

　　辦公室內，仍舊保留當年的原貌，陳列著與九份相關的文物、各類礦石標本、煉金器具與流程圖、各式採礦工具、精密的秤金大天秤，往日採煤業的風華彷彿被凍結在那一刻。

　　1900 年開鑿的八番坑，位於臺陽礦業事務所後方，由安山岩所堆砌的礦坑，坑口上方被老榕樹盤根錯節的纏繞著。由於礦坑已荒廢多年，廢棄的鐵軌、礦車、雜草、野花，恰到好處的構成一幅美麗的畫面，吸引多部電影來此取景。因為訪談，第一次造訪這祕境時，正是野花盛開、粉蝶飛舞的春天，當下我被眼前的美景所懾服，那一刻深深永存在腦海中，至今無法忘懷。

　　臺陽礦業事務所目前仍在使用中，並未對外開放。

臺陽礦業事務所側面

八番坑口與運煤鐵道

臺陽礦業事務所庭院前觀看山海美色

宣傳海報（正面）

宣傳海報（背面）

「風を聴く～台湾・九份物語～」

　　您知道 2007 年有一部九份的紀錄片，被日本文部科學省列入教材，並在日本放映嗎？這部「風を聴く～台湾・九份物語～」（「傾聽風聲—臺灣九份故事」）是由日本導演林雅行拍攝，記錄九份山區的採金故事。可惜臺灣沒有上映，所以很多人不知道此事。

　　2007 年 8 月 28 日在九份圓滿且熱鬧的完成電影首映，我有幸恭迎盛會。席間居民因故鄉再熟悉不過的一景一物忽然躍然於大螢幕，不時興奮的交談著。

　　當天我曾訪談林導演，詢問為何拍攝九份記錄片，「九份是日本人來臺必遊之地，為了讓日本人更瞭解九份的歷史與人文是我拍攝此記錄片的原因。而九份在金礦採盡後仍能再度繁榮的範例，希望給日本的產業沒落後城鎮的再生一些啓示，這是我拍片的另一個目的。」，林雅行導演如是說。

電影首映宣傳海報

宣傳海報（配音的一青妙，是日本牙醫師、舞臺劇演員、作家，同時是日本知名歌手一青窈的姊姊。

黃金ㄟ故鄉金瓜石

日治時期金瓜石礦山全景（廖明睿先生提供）

　　山海交織的金瓜石聚落因瀕臨大海，「雨季長、濕度大、雲霧多」是其氣候特徵，因此屋頂上也是鋪防風、防水的黑色油毛氈，這幾乎是臺灣東北部礦業山城共同的建築景觀。

　　昔日地底下蘊藏了豐富的銅、銀礦的金瓜石，與九份、武丹坑並稱「基隆三金山」。1889 年基隆河發現砂金後，淘金者多在河邊搭蓋簡陋的茅屋居住。1892 年清廷在基隆廳設金砂局管理，對申請採金的人採開放的態度，採金者雖自負盈虧，但是要繳牌費與釐金（納稅），否則視為盜採。

亞洲第一貴金屬礦山

　　1896 年 1 月臺灣總督府發佈〈臺灣礦業規則〉後，由田中長兵衛所組的「田中組」獲得金瓜石的礦業經營權，礦工領有固定的薪資，生活安定。而九份 1897 年由顏雲年承租採礦權，採承包制經營，只要採到金礦，人人都有一夕致富的機會，生活較浮華。雖然這二地都有產金的共同性，卻因經營者與經營方式不相同，導致生活文化大異其趣。

　　1905 年「田中組」發現銅礦，自此金瓜石產金又產銅。爾後，經營者雖幾經更迭，但礦產持續增加，1938 年產量達到高峰，因而有「亞洲第一貴金屬礦山」的美譽。

遠眺金瓜石聚落

金瓜石聚落

太平洋戰爭期間，1942 年日軍將馬來西亞與新加坡所俘虜的英國與同盟國軍 1,000 多人，監禁在金瓜石的戰俘營（瓜山國小後方）內，戰俘被迫在環境惡劣的礦坑工作，饑寒交迫下，很多戰俘客死異鄉。1945 年終戰後，銅礦作業隨之停工，卻留下這段令人深感遺憾的歷史。

人去樓空的聚落

1948 年臺灣金銅礦物局逐漸恢復產礦作業，1950 年韓戰爆發，世界各國需銅量增加，金瓜石積極開採銅礦。1955 年，因應國營事業民營化，改組為「臺灣金屬礦業股份有限公司」（臺金公司）。

之後，礦源逐漸枯竭，加上國際金價下跌，經濟部將臺金公司的礦場、加工廠出售。1987 年臺金公司倒閉，相關廠房併入臺灣電力公司繼續營運。

金瓜石聚落的形成、發展與礦區的開發息息相關，依山而建的聚落往往因新礦坑而興，隨廢坑而沒落。1970 年代以後，金瓜石礦業由盛轉衰，居民陸續遷出，人去樓空。

寧靜山城的蛻變

1990 年代，九份與金瓜石吸引許多電影、廣告來此取景，日後九份掀起觀光熱潮，

金水公路的美景吸引許多汽車廣告來此拍攝

但是隔鄰的金瓜石因產權大多為國有，仍寧靜地保留其原來的樣貌，更有滄桑的歷史感。

依山傍海的金瓜石聚落，仍處處可見採礦遺址與人文痕跡。這個以礦業發展吸引移民的聚落，呈現以階梯為主要道路，搭配沿等高線延伸的次要道路，建築物錯落其間，流露著隨意自在的氣氛。

2004 年，臺北縣政府整修日治時期的礦業遺址、宿舍區，建構以礦業為底蘊，人文歷史為主軸的「黃金博物園區」。金瓜石也將多樣化且得天獨厚的礦業聚落建築樣貌，轉化為地方文化資產，民宿與觀光產業慢慢發展起來。豐厚的礦業文化資產，將金瓜石化身為充滿文化氣息的濱海山區聚落。

回想「新北市立黃金博物館」還沒開園前，荒廢的日式宿舍（四連棟、三毛菊次郎宅）、高牆圍起的太子賓館，越是不能進入，越引發我的好奇心。唯一對外開放的是黃金神社，氣喘如牛的爬上參拜道後，斷垣散落的遺跡，頹圮的氛圍加上可遠眺的海景，恍如希臘神殿遺址般吸引人。

棄置的山本五坑坑道、採金設備與辦公室，景象荒涼卻迷人，開園後這些美好的影像，已封藏在我往日的記憶中了。

開館後的黃金博物館園區，雖然讓礦區有了嶄新的詮釋，但是總覺得少了那份時光累積出來的韻味。

謎樣的水湳洞十三層選礦場

日治時期十三層選煉場（廖明睿先生提供）

　　1905 年，金瓜石礦山採礦主任安間留五郎發現大量銅礦，陸續開挖長仁、第二長仁、第三長仁礦床。1906 年，日人三毛菊次郎任職金瓜石礦山事務所所長後，決定把廠房全部遷往水湳洞的斜坡地，之後陸續興建宿舍、工寮，水湳洞才發展起來。

　　此後，金瓜石主採礦，水湳洞主冶煉，二地相輔相成成爲臺灣採礦重地，1907 年金瓜石已成爲世界上有名的銅山了。

水湳洞的冶煉歲月

　　1933 年日本礦業株式會社買下金瓜石礦山，興建新的「十三層選煉場」，選煉場是將礦坑挖掘出的礦石經初步篩選後，挑出的礦石運到這裡進行精選的作業工廠。

　　廠房利用坡度，並依照選礦的流程而建，每層都使用最新的機械化設備，由上而下建構出不同的選礦製程。作業中，有毒的硫化氣廢煙經由三條圓拱形鋼筋混凝土造的廢煙道排放到無人處的後山，每座煙道長約 1 公里，號稱是全世界最長的廢煙道。

　　戰後，臺金公司接收日治時期的各項設施，爲了因應增產，陸續擴充冶煉設備。1977 年在濱海地區興建禮樂煉銅廠（1981 年啓用），可精煉

十三層選煉場今貌，近年來很流行廢墟遺址的探險，令人有股想要「超潛入」的衝動

九彎十八拐的金水公路　　　　　　磐踞山頭的廢煙道，近距離接觸才深感它的巨大！

黃金瀑布

純金、純銀和純銅金屬，廠內有製酸與儲酸工廠，處理煉銅過程中所產生的硫化物氣體回收。

　　1980年選煉場停工，工作轉移到禮樂煉銅廠。但是好景不常，國際銅價不斷下跌，臺金公司虧損連連。1984年臺金公司停止營運，禮樂煉銅廠委託臺電公司代管，1987年金瓜石礦山正式結束營運。

　　1990年禮樂煉銅廠曾發生硫酸外洩大海事件，遭漁民索賠。之後，臺電公司決定關廠，水湳洞的冶煉歲月就此劃下休止符。

獨樹一幟的礦業風情

　　某個連續假日早上，為避開人潮所以下中山高速公路，接62號公路走到底後，又接濱海公路抵達水湳洞。先往左邊山上走，半途即可看到依山勢興建的十三層選煉場和三條大廢煙道全景。

　　走近看盤踞山頭壯觀的廢煙道，雖然荒涼，卻更顯況味十足。觀景臺旁，留下一座空空蕩蕩的選礦場基座與部分設備，形同大廢墟，反倒襯托出一股悽涼的美感。山頭上獨特的礦業景觀，漫無邊際的蒼桑氛圍，處處流露出莫名的吸引力，讓人立刻愛上。

　　山腳下，濂洞灣的陰陽海令人好奇它的成因，金黃色海水是岩石中含黃鐵礦成份

陰陽海

選礦場

高，大量雨水滲入礦石，酸性水造成礦石含氫氧化鐵，經年沉積後，夾帶礦水中流入海裡，海水因含有高量的黃褐色氫氧化鐵浮於海面，與碧藍海水不相容，而且無法擴散，因而形成一半金黃色一半湛藍色的特殊景象。

因為山路太陡峭，沒有再往上開，於是返回，沿金水公路上山。行至山腰處的黃金瀑布，這裡原是長仁五番坑內的排水溝，1987 年因琳恩颱風被土石掩埋的本山六坑的排水也藉此排出，大量的雨水滲入地下與黃鐵礦、硫砷銅礦混雜後，形成金黃色的酸礦水，坑口流出的礦水在長仁橋自強橋一帶匯集，金黃色的礦水將流經的土石染成金黃、金紅色，依山勢順流而下形成閃亮耀眼的黃金瀑布。

下過雨的天氣，可看到大水磅礡的瀑布景觀，常吸引攝影愛好者來此取景，現在也衍然成為觀瀑景點，但是酸礦水有害人體健康，只可遠觀，不可涉水。

金水公路往金瓜石方向行，陡峭蜿蜒如蛇行般，髮夾形大轉彎的特殊七彎路，在勸濟堂山腰處的景明亭遠眺，金水公路九彎十八拐的美景可一覽無遺，加上山腳下的絕美景色，曾有汽車廣告在此拍攝，是不可錯過的景致。

交通資訊

- 瑞芳或基隆火車站搭基隆客運至九份、金瓜石
- 或在臺北市忠孝復興站附近搭基隆客運可達九份、金瓜石
- 中山高速公路接 62 公路下瑞芳，再接 102 公路至九份、金瓜石

選礦場基座

陰陽海與水湳洞聚落

九份遠眺基隆嶼

黑金產地
——菁桐與平溪

●●●

　　深坑往菁桐、平溪的 106 公路沿途風景優美，翠綠山巒、潺潺溪水，四季有著不同的容顏，純粹開車兜兜風都是一種享受。或許是太美，漸漸吸引單車族與重機車族來此。而人潮就是錢潮，行動咖啡館也慢慢增多了。

　　猶記初次到菁桐，熱心的當地居民建議去搭平溪線火車，木造的古樸菁桐站讓人懷念起外婆家鄉間的小火車站。第一次搭平溪線，火車時而從狹小的山縫間走進隧道，過山洞後又是一番驚嘆。時而沿著長滿蘆葦草的溪流行進，一路迷人的景致，令人目不暇給，絕不寂寞。火車司機還親切的解說那裡有壺穴，那一站有景點可以下車去參觀……

　　以前我也喜歡到日式宿舍群走走，有時間的話就坐下來喝杯咖啡，感受一下異國風情。但是這幾年遊客漸多後，小鎮的生活步調已變奏了。現在，我只為單純搭平溪線，再次欣賞粗獷與秀麗交錯的美景而來。

1925 年臺陽礦業社菁桐坑驛運煤貨車（廖明睿先生提供）

　　平溪鄉位於新北市東北方山區，四周爲海拔 500-800 公尺高的丘陵所圍繞，是由基隆河所切割出的狹長的丘陵縱谷地形。

　　1740－1780 年間（清乾隆年間），隸屬「石碇堡」的平溪，開始有中國福建籍移民在此落腳開墾。日治時期「石碇堡」劃分爲「石底」和「十分寮」二區，1910 年石底、十分寮二區合併爲「平溪庄」，在平溪設庄役場（鄉鎮公所）。1945 年後改爲「平溪鄉」，轄下有：薯榔、白石、菁桐、平溪、石底、嶺腳、東勢、平湖、南山、新寮、十分、望古等 12 村。

　　清朝時已知臺灣產煤，清政府立碑禁止私人挖掘。1820-1850 年間，英國發現基隆蘊藏質優的煤礦，因而要求清廷開港通商。當時產煤的有：金包里、崁腳、田寮港、汐止、四腳亭、侯硐、八分寮、菁桐坑、武丹坑、金瓜石、雙溪和澳底等煤田。當年產量雖不少，但是經營不善，無法達到經濟效益。

　　日治時期，基隆河流域的煤礦大量開採，瑞芳、平溪一帶成爲臺灣煤礦產業最發達的區域。平溪鄉的石底煤礦場曾經是臺灣第三大產礦區，因此有「煤礦之鄉」的美譽，興盛時期有菁桐五坑、三坑、新平溪等九個煤礦，有數萬人在這裡工作。

　　但是煤礦停產後，人口漸漸外移，又受限於地形、交通的山區礦業聚落，因爲沒有引進替代產業，致使當地經濟發展停滯，往日繁華不再。

　　近十幾年來，興起懷舊與鐵道研究的風氣，位於平溪線終點站的菁桐村，與極力推廣放天燈的平溪鄉，還有渾然天成的自然景觀與地方文化，都意外的成爲觀光發展的資源，礦村聚落的地景也得以延續下來。

黑煤之鄉菁桐

1925 年臺陽礦業社菁桐坑驛運煤貨車光景（廖明睿先生提供）

　　菁桐坑地區是泛指菁桐、白石、薯榔三村，清代這裡多生長野生菁桐樹，所以取名爲「菁桐坑庄」，是以薯榔製成染料，和取菁桐樹皮製作繩索的務農散村。

臺灣第三大的石底煤礦

　　1907 年，平溪庄第一任庄長潘炳燭先生發現煤田露頭，因爲無力獨自開採讓予日本的「藤田組」。1918 年，藤田組與礦業龍頭顏雲年共組「臺北炭礦株式會社」（「臺陽礦產株式會社」前身），平溪才正式開始開採煤礦。

　　位於菁桐地區的「石底煤礦」，是臺灣開採最久、產量最豐、規模最大的礦區。煤礦盛產期，這裡所生產的「石底炭」不但品質最優，且產量一直是全臺第一，足以代表臺灣煤產，故被稱爲「臺灣煤」。

　　1919–1921 年臺陽礦產株式會社（臺陽公司）在平溪庄興築運煤私營鐵道，在鐵道終點站菁桐坑大規模興建礦業相關建築和設施、職員宿舍、礦工工寮、福利社、醫院等。1931 年引進電力，發展成依賴煤礦維生的山區聚落，礦產興盛期居民與工作人員有上萬人，是臺灣當時最具規模的礦業聚落。

石底大斜坑（左）與卸石路

　　1937 年，石底煤礦開鑿大斜坑，聯絡石底一坑、二坑、三坑、五坑，將各坑出產的煤炭集中，簡化搬運出坑外的過程。煤礦出坑後，以小型電力機車連結到菁桐站旁的選洗煤場。石底大斜坑是臺灣開採最久，工作面最廣、最深的礦坑。

菁桐坑銀座

　　菁桐老街原是從員工福利社與臺陽俱樂部之間的斜坡一帶開始發展，開礦初期商店多數聚集在這裡開設，形成菁桐坑地區最早的街區。當年繁榮的景象，連日本人都稱它爲「菁桐坑銀座」。

　　1943 年，所有商店遭祝融燒盡，商家才漸漸移轉到現在的街上。採礦全盛時期，小鎮的人口超過一萬人，街上各式商店林立，爲配合礦工工作時間，街上幾乎夜不閉戶，燈火通宵達旦，熱鬧非凡。

褪色的黑煤鄉

　　1960 年代，煤礦開採條件惡化，加上石油取代煤礦能源，礦業衰退後，菁桐人口嚴重外流，又因爲無其他替代產業，日漸衰微成一寂寞村落。然而遺留下來的礦業地景，記錄了菁桐坑黑金年代光輝的一頁。

菁桐車站與降煤櫃

已絕版的硬式火車票

近年來，善用昔日的礦業遺產轉化為地方文化產業，促進了菁桐的觀光發展。

日式木造菁桐火車站

1922 年興建的「菁桐坑」車站，是平溪線鐵道的終點站，1962 年改名「菁桐」車站，採礦盛期每日運煤量約 1,000 噸，是全臺運煤量最多的火車站。目前全臺僅存少數典型的小型日式木造車站之一的菁桐車站，2003 年登錄為古蹟，鐵道另一側有臺灣最長的降煤櫃與半山腰處的紅磚選洗煤場，是特有的鐵道景觀，見證了早年鐵道與產業共生的歷史。

菁桐車站鐵道旁原是臺鐵的員工宿舍，1963 年木造的鐵路宿舍改建為磚造建築。礦業沒落後，宿舍閒置，2001 年整修後，再利用成為「菁桐礦業生活館」的展覽空間，設主題展覽館、社造願景館、文化商品館、咖啡館與生活廣場等。

紀念戳章

石底煤礦選洗煤場

車站內的閉塞路牌機

菁桐火車站

偶像劇「貧窮貴公子」拍攝地　　　　　日式宿舍群

濃濃日本味的宿舍群

　　臺陽礦產株式會社在菁桐開發規模龐大且完整的礦業建設，帶動聚落的形成與發展。1925-1940 年間，臺陽礦產株式會社興建數十棟日式木構造建築的日本職員宿舍，主要集中在今白石村，宿舍建築皆朝向北方，有「心向故鄉」的精神寄託象徵意義。

　　目前日式宿舍群大致維持原有風貌，庭院花木扶疏，充滿幽靜、濃厚的日式風情，曾是「流星花園」、「貧窮貴公子」等偶像劇的拍攝地點。當年臺陽礦業株式會社公司做為招待貴賓、職員訓練與娛樂的「石底俱樂部」（今「太子賓館」），仍保存完好。電影「孤戀花」、《KANO》、歌手蕭敬騰「跟我玩」MV，與其他多部廣告皆來此取景，近幾年也成為婚紗照的熱門拍攝地點。

整修前的「石底俱樂部」（2007 年）　　　玄關處的馬賽克拼圖

和洋折衷、皇族格局的「石底俱樂部」

　　1940 年興建的「石底俱樂部」，是臺陽礦業株式會社公司在菁桐坑開採石底煤礦時，做為招待貴賓、職員訓練與娛樂的招待所。

　　「石底俱樂部」佔地約 600 餘坪，建坪 212 坪，建材是臺灣阿里山檜木，採用日本和式傳統木造工法建造。雖是日式的建築主體，但也受歐式建築風格影響，如大門旁的窗戶上鑲有彩繪玻璃，玄關處有馬賽克拼圖等，這與傳統日式建築不同。

　　內部有客間、主間、交誼廳、會議廳，房間都有壁龕（床の間，とこのま），用以擺飾書畫或插花。主間的主柱（床柱，とこばらし）是由日本進口的櫻花木，洋溢著濃厚的貴族氣息。附書院保存完整的窗櫺，花樣繁複華美，是行家精細雕刻的傑作。

　　會議廳的天花板以樹木天然紋路削薄，譜出美麗的紋飾，天花板與牆壁做成弧形，展現出非凡的氣勢，臺陽礦業株式會社所產煤礦占全臺煤產量 50% 以上，許多重要決策與開發案都在此拍板定案，這間會議廳在臺灣礦業史上占有非常重要的地位。

　　1986 年臺陽公司結束菁桐的採礦業，將俱樂部轉賣給佛教淨土宗法號慧宗的王華飛先生，王師父將之命名為「渠蓮精舍」，做為弘法修行之所。2002 年現任屋主深知太子賓館在菁桐居民心目中的重要性與歷史意義，開放供人參觀，目前委外經營咖啡店。

花樣繁複華美的窗櫺

「石底俱樂部」弧形天花板

「渠蓮精舍」（2007 年）

「石底俱樂部」內部一

彩繪玻璃

「石底俱樂部」內部二

煤礦紀念公園

　　位於菁桐火車站對面小丘山上的石底煤礦大斜坑是當時規模最大，也是全臺礦煤產量最多、礦質最好的單一的礦坑。

　　1988 年結束採礦後，礦區的建築與設施多已荒蕪。選洗煤場的結構有些毀損，且改作商業使用。事務所、倉庫只剩下牆垣，但是輕便鐵道的痕跡依稀可尋。

電池間工作倉庫遺址（左）與運煤軌道　　　　卸石路與機電房（右）

辦事處採礦事務所　　　　　　　　　　　石底煤礦辦事處遺址

綠葉縫間，陽光灑落下的運煤軌道。

倉庫遺跡

　　目前石底煤礦仍保持往昔的地物地貌，穿梭在礦業地景中，似可遙想當時採礦過程與盛景。

　　到菁桐許多次後才認真找石底大斜坑的遺跡，尋它千百度，其實就在燈火闌珊處。某日在正午時刻到達，陽光從綠葉縫間灑落，使空盪盪只留下爬滿歲月痕跡的殘壁不覺陰森，反而更營造出讓人難以定義的況味。我私心的希望，這處祕境不要太多人來打擾，永遠保持這份蕭瑟氛圍。

天燈之外的平溪

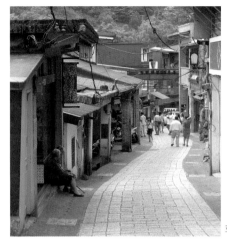
平溪老街

　　1740-1780 年間，平溪大抵已開發成散村的聚落形態，開墾者多來自福建的泉州和安溪兩地。1910 年代末期，煤礦產業興起，吸引外來人口移入。1921 年，「臺陽礦業株式會社石底線」（簡稱「石底線」，後來改名「平溪線」）鐵道竣工後，促進了北部山區煤礦大量開採，使得原是地瘠民貧的平溪山城變成繁華的聚落。

　　1930 年代後期，臺灣邁向工業化，燃料需求增加，因此煤礦業逐漸步入黃金期。但是二次大戰期間，煤礦產業停滯。戰後，臺灣的煤礦業大量電氣化，開採更有效率，1950 年代末期煤產量達到最高峰。

　　1960 年代後，雖然能源需求殷切，但是煤礦已深層開採，採礦工程日益困難，而且產量不敷所求，所以工業動力轉依賴進口油料，導致煤礦市場萎縮。1973-1983 中東戰爭引發石油危機，煤礦業曾短暫復甦，但是1984 年連續發生多次的煤礦災變，加上臺灣產業升級，煤礦業終致走向沒落。

　　沉寂的平溪老街上仍留存部分的傳統式長條街屋，街上的商業種類單純以日常用品、小吃店為主，近年來因觀光客漸多，商店多販賣天燈。

平溪線火車

北天燈、南蜂砲

　　平溪獨特的「放天燈」習俗可追溯自乾隆年間中國移民來臺時，天燈原名「孔明燈」，是三國時代孔明依照自己所戴的帽樣製作，以熱氣球升空的原理，在夜間燃放互報平安或互通訊息，之後成為元宵節的民俗活動。

　　1985 年，當地居民將放天燈發展成地方特色，於 1993 年成立「臺北縣天燈民俗文化發展協會」推廣，今日演變成祝福、祈願與步步高昇的吉祥寓意。如今平溪放天燈已和鹽水蜂砲齊名，有「北天燈、南蜂砲」的美稱。

　　據中國時報（2007.05.11）記載：北海道電視臺（HBC）開臺 50 周年特別製播的單元劇「唯一的雪祭SAPPORO，1972 年」中，描述臺日選手參賽期間譜出的戀愛故事。劇組曾在臺灣多處景點拍攝，包括臺北101、平溪天燈、野柳女王頭與黃金博物館園區，播出後讓日人留下深刻印象。

　　雖然臺灣觀眾無緣欣賞這齣日劇，但是這部日劇在日本所引起的效應逐漸發酵。許多日本旅客因為曾在電視或旅遊雜誌上看到平溪線的美景，而到臺灣旅遊，並特地來搭平溪線火車。

新平溪煤礦場

新平溪煤礦場俗稱獨眼小僧的電力機車（洪致文教授提供）

消失的礦業記憶——新平溪煤礦博物館園區

　　1965 年臺陽礦業「新平溪煤礦」開坑，1967 年開始採煤，1985 年轉賣給「新平溪煤礦股份有限公司」。

　　隨著礦產減量與礦脈枯竭，1997 年因敵不過進口煤的低價競爭，暫時停止開採。2009 年因國際煤價關係而復採，但是又因落石坍塌意外，於 2010 年 8 月 25 日被政府勒令停工，從此「新平溪煤礦」走入歷史。

　　為記錄這段採礦史蹟、維護臺灣煤礦業相關文物、史料、器具等，經龔詠滄先生著手規劃，2002 年成立「臺灣煤礦博物館」，是全臺灣保留最完整的「動態」煤礦博物館。

　　館內保留煤礦業相關文物、歷史資料與開採工具。為讓遊客更真實了解礦工作業情形，館方請老員工在館內搭建一處完全依照原尺寸的模擬採煤巷（放礦車、採礦工具、儲放煤的場所）。坑道內可觀看支撐結構，還可看到「煤層」，如同置身於真實的坑道中。

　　園區內的獨眼電氣小火車頭，是臺灣最早的的電氣化火車頭，車頂的集電弓和圓型車窗是最大特色。主要動力來源是以 220V 的電壓推動兩顆大馬達，可產生 13.5 匹馬力，一次拉動二、三十節礦車。

運煤車原本是以集電弓輸電運作的　　　　新平溪煤礦電器輕便鐵道

　　電氣化火車頭是二軸的 L 型機關車，其中有一些車頭只挖一個小圓窗，因此日本人暱稱它為「獨眼小僧」。業者將傾毀的四臺電車頭零件重新組裝成兩臺，修復後行駛於坑口到「翻車臺」間，這是臺灣僅存的二部國寶級礦業電車，因為珍貴無比吸引許多鐵道迷前來，更有日本人不遠千里搭機來此搭乘「獨眼小僧」。但是基於安全，現在電氣火車頭改以蓄電池為動力，所以看不到車頂的集電弓了。

　　以前，男性礦工將採得的煤礦運出礦坑後，女性礦工熟練的駕駛電器車，拖著一節節載滿煤礦的礦車，運到翻車臺器再以輸送帶運到選洗場。運到最下方的降煤場後，女礦工再以臺鐵煤斗車手推到十分車站，接平溪線將煤運出。

　　可惜的是，2014 年底通車的基福公路（暖暖－十分－雙溪－福隆），幾乎毀了半個園區，也破壞了新平溪煤礦區的作業程序。園方改變參觀路線，遊客只能搭電器車到翻車臺。不過，到園區參觀一定要搭一路顛簸的運煤車，體驗一下礦坑生活。

以前運煤車走過一片
茶園的景象已不再

「臺灣煤礦博物館」內的煤層（底端黑色斜線部份）與卸煤口

「臺灣煤礦博物館」展示物件

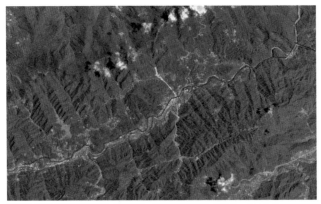

清晰可見平溪線鐵道（紅線）建在河谷間（底圖：2012 年福衛二號影像，中央研究院人文社會科地理資訊科學研究專題中心提供）

人文、自然美景兼具的平溪線鐵路

1919 年，臺陽礦業株式會社興築私營的「石底線」鐵道，由宜蘭線鐵路三貂嶺分線至菁桐，全長 12.91 公里。鐵道沿著基隆河上游河岸興築，由於地勢險峻，一路開崖鑿洞，施工期間又遇上第一次世界大戰被迫停工，直到 1921 年才竣工，是臺灣礦業中最具特色的運煤專用鐵路，也是所有支線中最驚險、壯麗的。

1929 年，臺陽礦業株式會社因經營困難，由臺灣總督府鐵道部在鐵路國有政策下收購此路線，改名為「平溪線」，整建後開始兼營客運業務。戰後，由臺灣鐵路管理局接收。

鐵道完成後，封閉的平溪才打開對外交通，當地居民的日常用品輸入，煤礦礦產的輸出都仰賴鐵路，對整個山城的發展有莫大的影響和貢獻。早期聚落緊沿著鐵道發展，形成住家與鐵道間特殊的空間關係，全線沿途蜿蜒行駛於山間，多隧道、特殊的壺穴地形是它的特色。

熱門的觀光鐵道

1989 年，臺灣鐵路管理局原想拆除年年虧損的平溪線鐵路，但是平溪當地人都自豪的認為它擁有發展觀光的豐富資源，也是他們的交通和精神命脈，這些遠超乎「虧損」之外的重大意義。因此在鄉民極力爭取下平

平溪線風光（洪致文教授提供）　　　　　　　即將絕版的硬式火車票

溪鐵路被保留下來，1992 年選定為觀光鐵道，目前沿線設有大華、十分、望古、嶺腳、平溪、菁桐等六站，平均每天往返計 32 班次列車。

　　幾年前，在地方政府的推廣下，平溪以放天燈的民俗活動打開知名度，但當地人的心情卻是矛盾的，直言放天燈的活動雖然為地方帶來人潮，卻也帶來破壞，居民說：「我們喜歡煤礦、火車更勝於天燈」。

平溪線上的最大站──十分

　　清乾隆年間，中國福建安溪人胡氏等前來開墾後，十分發展為採樟腦和種大菁的農業聚落。1922 年距離十分車站 2.7 公里的三功煤礦開採，十分聚落才開始有採礦者移入。雖然附近的望古、英隆、鴻福、順隆、大華等煤礦陸續開採，但坑口腹地太小，交通又不便，無法形成礦業聚落。

　　十分因擁有廣闊的河階臺地和便利的交通，所以吸引礦工和生意人落腳，漸漸的在十分車站兩側興建一整排的商店，提供居民飲食、服裝、雜貨等服務。

　　十分站是平溪鐵路上的最大站，所有上行與下行的火車均在此會車，全線只有十分車站還留有臂木號誌機。

　　礦業沒落後，人口大量外流，後來因懷舊風興起，加上曾在此拍攝咖啡廣告，使小山城名噪一時。近年來，興起放天燈的熱潮，假日成為城市居民一日遊的熱門地點。

十分車站

十分車站（洪致文教授提供）

平溪線火車與臂木號誌機（十分車站）

平溪線一日券（正面）

平溪線鐵道獨特的自然景觀

平溪最獨特的自然景觀非「壺穴」莫屬了，壺穴的形成是因地質岩層的結構性硬度不均，經夾帶細沙石的河水沖刷而產生坑洞，流水在坑洞中形成的小漩渦再沖蝕，於是形成壺型的小洞穴，通常出現在河川曲流處的凹部多漩渦、急流的河段。

平溪線鐵道沿途還有十分瀑布，是臺灣最大的簾幕式瀑布，因而有「臺灣尼加拉瓜瀑布」之稱，這裡也曾拍過廣告。嶺腳瀑布是基隆河主流的第二大瀑布，其他還有望古瀑布、眼鏡洞瀑布、野人谷雙瀑布、新寮瀑布等，大大小小有 2、30 個之多。

平溪鄉擁有特殊的自然景觀：壺穴、瀑布，和豐富的人文景觀：礦業遺址、老街、菁桐火車站、日式宿舍群、平溪線鐵道，與全國知名的「放天燈」活動等，都是值得細細品味的優美景致和人文歷史。

2013 年 4 月 23 日平溪線與日本江之島電鐵（江ノ島電鉄）簽訂合約，乘客持使用過的平溪線一日券或江之島電鐵車票（江ノ島電鉄乘車券），可以免費互換。交換時間從 2013 年 5 月 1 日到 2016 年 3 月 31 日止，是臺灣鐵路邁向世界的第一步。

使用須知

一.本券限在本支線使用，限當日使用，未蓋日期戳者無效。

二.旅客可在區間內各站自由上、下車，不限搭乘次數。

三.本券一經使用不得退票。

平溪線一日券（背面）

平溪線沿途風景（右邊是基隆河，河內有壺穴）

林芬郁攝影

平溪線嶺腳站，偶遇的古樓仔厝，掩不去曾經有過的風華

交通資訊

- 瑞芳火車站搭平溪線可達平溪、十分、菁桐
- 臺北捷運木柵站轉搭臺北客運 1076 公車，在菁桐坑站下車
- 北二高下深坑交流道，接 106 號公路可達菁桐

平溪線一路開崖鑿洞，工程艱鉅

品味北投溫泉鄉

●●●

　　回想，2007 年因緣際會來到北投作研究，卻意外的投入北投保德宮的文化資產申請事件。多次參與文資會議、協調會、記者會，甚至上法院與對方律師互辯，這些經驗讓我學習得到比課堂上的更多。雖然最後保德宮被拆除，但並不是番仔王爺的神威不顯，無法保住自己容身的廟宇，而是因為「文化景觀」的法規定得不夠周延所致。的確，臺灣的文化資產法還有許多待修改的空間。

　　與唭哩岸聚落的接觸，是另一場文化資產的保衛戰，靜靜的佇立於一隅的古樸聚落，竟被建商覬覦。不禁令人慨嘆，臺灣珍貴的文化資產一點一滴快速的消失在貪婪中，一個現代化的國家是新舊並存的，如何在保存與開發中取得平衡，始終是一個大課題。

　　這些年，深深覺得北投有太多的文化記憶，讓我不掉入這歷史的漩渦都很難。但是北投的風采在於文化的深厚，不是辦幾場熱鬧喧嘩的溫泉活動就能領會的。毫無文化底蘊的商業活動，只有破壞與令人卻步，更非我所樂見。

新北投驛（楊燁先生提供）

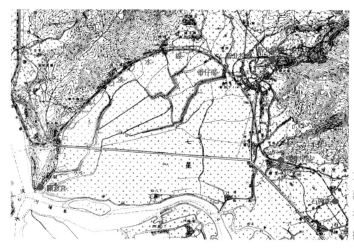

北投地圖（底圖：1925 年日治二萬分之一地形圖，中央研究院人文社會科地理資訊科學研究專題中心提供）

「淡水開墾，自奇里岸始」

　　北投區平原廣闊，是臺北市目前唯一有稻田的一區，兼具山區、農村及新、舊市街交錯的特色。北投內有 14 處史前遺址，這代表史前時期就有人類在此生活。

　　荷蘭殖民時期，北投屬淡水集會區，原居住在北投的平埔族凱達格蘭人有北投社、唭哩岸社、嗄嘮別社，但歷經社會變遷後，已完全融入漢人社會體系中。《淡水廳志》記載：「淡水開墾，自奇里岸始」，即印證了北投是臺北市 12 個行政區中開發最早的一區。

　　唭哩岸的拓墾始於 1709 年的「附康熙四十八年仝立合約」，1713 年賴科等人以「陳和議」戶名，請墾北投庄，由此可知北投大規模的開墾是在清康熙後期，當時關渡因水運暢通位居樞紐的地位，已發展成繁榮的港口聚落。

　　1744 年嗄嘮別有業戶林永躍等人，向北投社熟番承租土地耕作。1740 年左右，漳州人移居石牌庄開墾，與凱達格蘭人因土地問題時常起爭端，淡水同知曾曰瑛在漢人與凱達格蘭族交界之處立「漢番界碑」，藉以區隔、分割耕作地界，杜絕了彼此間的紛爭。

　　1700-1780 年間，「南陳侯亭派」陳氏子孫陸續從中國福建的泉州、同安渡海來臺後定居在北投，戮力開墾有成，是北投的大家族。乾隆中期，漢人逐漸進入今陽明山區拓墾，頂北投庄的十八份、頂湖、紗帽山等聚落，是漢人較早開發的地區。

《大屯山彙鳥瞰圖》，金子常光繪（1935 年）

溫泉之鄉

　　1894 年德國人奧立（Ouely）在北投發現溫泉，之後陸續有日本人來經營溫泉旅館，陸軍也在此興建軍用療養地。北投的溫泉除商業、醫療用途外，日本政府更積極發展溫泉休閒旅遊，如興建北投公共浴場、北投公園等。

　　1916 年興築新北投線鐵道後，帶動了北投的休閒觀光與商業發展，又因車站附近逐漸集結成市，而有「新北投」的聚落地名（相對於「北投」聚落），且市況繁榮勝於先開發的唭哩岸、關渡二地。

　　加上許多日本人聚居新北投經營溫泉旅館，將故鄉的溫泉文化、日式宗教信仰傳入此地，影響所及，新北投地區瞬間由農村景觀轉變為遊憩勝地，因而逐漸形成「本島人（臺灣人）」傳統聚落與「內地人（日本人）」族群生活市街的二元城鎮空間。時至今日，充滿臺式與和式風格建築共構的混種空間文化，是新北投地區獨有的景致。

　　二次大戰後，北投成為合法化的情色消費空間，但因「溫柔鄉」的污名有損國家形象，1979 年公娼制廢除後，溫泉觀光業沒落，連帶周邊產業也隨著蕭條，新北投反璞回歸到傳統的城鎮空間。1990 年代後期，在地居民因地方感的凝聚，保存下來的公共浴場與周邊的文化資產抵擋了北投纜車興建的衝擊。之後，文化轉向與外來財團休閒產業進駐所形成的新消費空間，徹底的扭轉北投的形象。

多元文化的拼貼地景

北投曾是多族群的生活空間，且歷史悠久、文化多元與宗教多樣性，因此已都市化的北投仍留下許多清代、日治至二次大戰後各時期的古蹟與歷史建築，與臺北市唯一的凱達格蘭族文化地景。

令人驚豔的是，唭哩岸東華路二段 300 巷還保留一處相當完整的百年聚落，這聚落曾是唭哩岸石打石業的重要產地，今聚落內仍留有打石場遺址，見證昔日的打石歲月。更難能可貴的是，聚落內保存完整的唭哩岸石造屋在臺灣已屬罕見，是珍貴的文化資產。

新北投地區因自然環境、產業活動、重要歷史事件、政治、經濟、文化等作用力下，留下可辨識的刻痕。而在長時間演變下，依據作用力的強弱不等，在此形塑成多樣的地景與地方之獨特性。

北投地形崎嶇，在「溫柔鄉」時期衍生出全臺獨有的「機車服務業[12]」，1980 年代溫泉業沒落後，面臨困境而能生存下來的機車服務，於是利用熟悉巷弄複雜性的優勢，將客源轉換為當地居民服務，服務項目包括接送、購物，代辦雜事、巡守的社會服務、為外地人指引路標等，成功的洗刷「限時專送貓仔（侍應生）」的汙名，轉型為北投居民溫馨服務的行業。現存的機車服務行雖沒有經過政府認可，卻因地域服務的獨特性而被默許存在的行業，更是北投的在地特色產業與發展旅遊的利器。

現今，新北投一地因有豐厚的文化資產與溫泉的優勢成為臺北近郊熱門的旅遊休閒區，但須強化其文化獨特性，以避免新北投流於曇花一現、毫無特色的旅遊休閒區。

---

12 目前，新北投區仍有 6 家機車服務行在營業，每家機車服務行都以電話號碼之後 4 碼作為名稱。「0077」（電話號碼：28910077）公館路 63 巷口、「9669」（電話號碼：28919669）公館路 25 巷口、「9855」（電話號碼：28919855）珠海路 27 號、「4733」（電話號碼：28914733）大同街 300 號、「2488」（電話號碼：28912488）中和街 251 號、「3181」（電話號碼：28913181）北投公園涼亭下。(請參閱：王譽臻（2011）：〈北投好「機車」—北投機車服務之演變〉，《臺北文獻》直字 178，頁 45-81。)

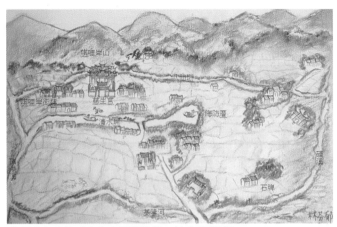

唭哩岸古聚落（慈生宮石雕壁畫，林芬郁描繪）

光陰駐足的唭哩岸打石聚落

　　搭乘捷運淡水線，有一個「怪怪」的「唭哩岸」站，許多人對這地名充滿好奇。唭哩岸是凱達格蘭族的社名，有著曲折的歷史。

　　唭哩岸雖是淡北最早開發的地方，但是日治時期淡水線鐵道未在此設驛站、北淡公路改道、河道淤塞等因素，沉寂的唭哩岸一度成為歷史名詞，是大石牌的一部份。

　　直至 1997 年 3 月 28 日捷運淡水線通車，設有「唭哩岸」一站，加上地方人士力倡正名，被埋沒數十年的唭哩岸地名才復活。

　　早在史前時期唭哩岸就有人類在此生活，1953 年盛清沂先生曾在唭哩岸山西南麓，發現唭哩岸貝塚遺址，據稱曾見到約 1 公尺左右的文化層，採集到的遺物有打製石鋤、石鑿，另外還有粗砂紅陶與泥質紅陶。

　　唭哩岸是臺北盆地開發最早的聚落之一，由〈荷蘭時代的臺灣番社戶口表〉得知，唭哩岸地方已有少數凱達格蘭族唭哩岸社族人居住。1654 年荷蘭時期手繪的《大臺北輿圖》上，看得出唭哩岸番社一帶在荷蘭時代前後已有相當程度的發展。

　　清代陳培桂的《淡水廳志》即載有：「**淡水開墾，自奇里岸始。**」，唭哩岸大規模的拓墾開始於 1700 年左右，是中國福建省漳、泉二府移民在臺北平原農業的發祥地。乾隆年間（1736-1788），唭哩岸街肆已衍然

謝氏祖厝（背面）　　　　　　　　　　謝氏祖厝（正面）

成型，更因位居淡北古道[13]要衝，已發展成淡北最早的街肆。

　　清代，船隻可從淡水河進入磺港溪，接清水圳後，行駛到唭哩岸的海防厝[14]，是當時重要的貨物集散地，早期也是北投的政治、商業中心。

　　今北投區東華公園內，有一塊臺北市文獻委員會立的「唭里岸碑」：「唭里岸，亦書奇里岸，淇里岸，平埔族凱達格蘭之社名，或謂為舊淡水河向北突出之彎曲地，形似港灣，故以岸名之，明鄭之世，為防清兵入攻，曾遣將駐兵，招佃闢田，以實軍糧，又傳福建漳州移民，亦曾在此拓殖，並建慈生宮，以為教誠之所。清有臺灣，入墾益眾，雍正間，開七星墩，以灌芝蘭荒埔，遂成淡北農業發祥地，今東華街東側山路有一古老村落，即為當年漢人進墾之據點。」碑文詳細記載唭哩岸地名的由來，和早期漢人移民在此開墾與興建慈生宮[15]的經過。

　　而碑文中所提到的「古老村落」，就是今東華街二段 300 巷唭哩岸山麓的謝氏家族聚落。據謝氏族譜記載，第八代先祖謝天祿由中國泉州府南垵縣 12 都陳仔山尪來臺，歷經「福、文、騰、鳳、日、朝、陽、錦、龍、從」字輩，傳至今第 19 世「清」字輩後代子孫。而由謝氏後裔所申請到的日治時期戶口名簿推估，可證實謝氏族人來臺在唭哩岸定居確實有 300 多年了。

13　淡北古道：清代臺北和淡水商賈往返之路陸，由今淡水「觀景樓」附近北 2 線→經小坪頂路、坪頂路→達小坪頂→沿貴仔坑溪（稻香路）→豐年路二段、一段→大同街→中正街→清江路→崇仁路→立農街（唭哩岸街）→自強街→文林北路石牌橋→往臺北。

14　海防厝：清代有官兵在此地駐守，約今振興醫院附近。

15　慈生宮（舊名「五谷先帝廟」）：相傳 1669 年在今吉利公園內，由漳州、同安人共同鳩資興建，是北臺灣歷史悠久的寺廟。主祀神農大帝，是唭哩岸地區的信仰中心。(請參閱：林芬郁（2010）：〈唭哩岸與慈生宮歷史變遷之研究〉，《臺灣文獻》61(3)，頁 401-464。)

唭哩岸（照片偏右一大片白色部分是採唭哩岸石留下的痕跡）（底圖：1945年美軍航照影像，中央研究院人文社會科地理資訊科學研究專題中心提供）

唭哩岸聚落的產業

打石業

東華街二段 300 巷謝氏祖厝的後面即是唭哩岸山，是唭哩岸特產──唭哩岸石的產地。唭哩岸石因有耐 2,000 度高溫的特性，日治時期曾是軍艦火爐和臺灣中南部燒窯的製作材料，且能抵擋北投地熱谷青磺溫泉的強酸腐蝕，是早期移民就地取材建屋的好材料。

清末建臺北城（1882-1884）時，唭哩岸是城牆的原料供應地之一（內湖與大直也是石材供應地），藉由淡水河水運載石材至大稻埕或各地銷售，現在這裡仍留有一處打石場遺址，東華公園內也處處可尋打石遺跡和留有完整的唭哩岸石牆。

牛車獸運業

以前唭哩岸石是用牛車隊載運到火車站再運送到各地銷售的，北投區清江里、八仙里、立農里、石牌里都有牛車隊，共有 20-30 臺專門載運唭哩岸石的牛車。那時北投的陶瓷廠也以牛車運送貨物，當年士林、北投的牛車隊還組了臺北市唯一的「獸運公會」，牛車須要登記車牌、配發管理。

全臺北市從事牛車駛運從業人員約有 200 多人，而北投一地就有 170 多人。當時東華街二段 300 巷內，牛車隊川梭其間，忙著由山上將石材載運到車站。

唭哩岸石造屋

多元建材組合的房屋

唭哩岸老聚落現況

二次大戰後，鋼筋水泥建造的新式房屋逐漸取代舊式屋宇，唭哩岸石用途降低，產量日減，1975年陽明醫學院建校後，為水土保持之故，政府全面禁止開採石材，「陽明山區石作職業公會」從此解散。

北投因擁有豐富的黏土礦源與水利資源，提供了發展陶瓷業的有利條件，也使得北投曾居臺灣陶瓷發展的先驅地位。東華街二段300巷後段也曾經有一家「奇龍窯業」。1960年代後，北投地區因黏土濫採，又沒做好水土保持，導致嚴重災害，加上窯業廠的空氣污染，政府輔導業者遷移，北投陶瓷業不是歇業就是外移。

1970年代，載運量大、效率又好的大卡車漸漸普及，加上陶瓷業外移與唭哩岸石禁採等因素，1976年牛車獸運公會解散走入歷史。

保存打石聚落的文化意義

唭哩岸聚落曾是唭哩岸石打石業的重地，清代藉由水運載石材至各地銷售，更是臺北城建材之供應地之一，足可見證清代淡水河的水運文化，而載運唭哩岸石與陶瓷器等貨物到車站的牛車隊可說是北投地區獨有的特色產業。

這裡的打石場遺址、東華公園內的打石遺跡，與唭哩岸山西南麓的唭哩岸貝塚遺址，可建構成一「史蹟與打石公園」予以保存。

聚落內除謝氏祖厝外，還另有七棟保存尚完整的三合院式民宅。聚落內不但整個街區景觀完整，而且建材多元，包括：土埆、唭哩岸石、紅磚、瓦厝頂，建物語彙豐富，除顯現先人篳路藍縷的過程外，也呈現庶民居家建築於不同時期的建築特色，尤其是唭哩岸石造屋在臺灣已屬罕見，實有保存的必要。

打石聚落的保存不僅呈現北投多元的產業發展與居民的生活史，更是無形的生活遺產。

有故事的北投溫泉博物館

北投公園內的圖書館（右）與北投溫泉博物館（左）

　　出了新北投捷運站後，對面綠意盎然的公園中，有一座 2012 年榮獲美國網站 Flavorwire.com 評選為「全球最美 25 座公立圖書館」之一的臺北市立圖書館北投分館。如樹屋般的圖書館旁有一棟氣質高雅，格外醒目的木造紅磚建築－北投溫泉博物館，倒是很令人好奇它的前世今生。

「公共浴場」的由來

　　1895 年德國硫磺商人奧里（Ouely）在北投發現溫泉，1896 年日本人平田源吾到北投開設「天狗庵」溫泉旅館，溫泉才開始走入商業用途。1898 年「臺北陸軍衛戍療養醫院北投分院」（今三軍總醫院北投分院，北投區新民路 60 號）正式啓用，作為軍用療養地。1905 年日俄戰爭期間，許多日軍傷兵被送到此療傷。陸軍駐守在北投，除了間接提高知名度外，也讓臺灣人知道溫泉的醫療功能。

　　1901 年淡水線鐵道通車後，日本人所經營的日式溫泉旅館如雨後春筍般的逐漸增加，但是北投公園周圍的溫泉旅館都屬於高消費，一般普羅大眾消費不起，只好在北投溪邊搭簡陋的竹籬笆或木柵，泡免費的野溪溫泉（「公共浴場」，在今北投溫泉博物館旁北投溪），這裡可說是臺灣浴場文化的起源地。可是，成群男男女女在溪內泡湯，有礙觀瞻、妨礙風化之

公共浴場內有一座古羅馬式浴池（林芬郁收藏）　　興建中的公共浴場（林芬郁收藏）

嫌，所以被警察禁止了。

　　1905 年由民間團體「臺灣婦人慈善會」的顧問發起組織「浴場改良會」向政府申請興建公共浴場。總督府民政廳長後藤新平馬上答應，臺北仕紳也熱心捐助，1906 年興建供一般民眾使用的浴場，因為是由慈善婦人會發起，委託總督府鐵道部興建，因而有「慈善浴場」與「鐵之湯」（鐵道部所建造的浴場）的名稱。1907 年該會捐助改善露天的「湯瀧浴場」，並動員當地居民在浴場周圍種植花卉草木、美化環境，這就是日後「北投公園」的雛型。

　　1910 年臺北廳長井村大吉規劃將「湯瀧浴場[16]」擴建為「北投公共浴場」，同時在其周圍興建北投公園。

　　1913 年由臺北廳仿日本靜岡縣伊豆溫泉浴場興建規模完備的「公共浴場」，由高橋土木局長、野村營繕課長、森山松之助技師等設計。這棟磚木與鋼筋混凝土的建築，一樓為磚造，內有一座古羅馬式浴池，二樓是雨淋板式木結構，屋頂設有通風窗，整座建築頗具英國的鄉間別墅風格。

　　日本政府為增加公共浴場的「能見度」，特地選在 1913 年 6 月 17 日始政紀念日當天開幕，並在《臺灣日日新報》上登載開幕訊息大肆宣揚。鐵道部為載運蜂擁而至的旅客，也加開臨時來回列車。

16　湯瀧浴場：溪面因有高低落差所形成的瀑布，被稱為「瀧」，「湯瀧」是溫泉瀑布之意。

話說，最近臺東有金城武拍廣告而走紅的「金城武樹」，但是不說你可能不知道，1923 年 4 月 25 日當時的日本皇太子裕仁（之後的昭和天皇）曾到公共浴場行啓，還涉渡北投溪觀賞國寶「北投石」，有了皇太子的加持，公共浴場更聲名遠播了。

全臺首座溫泉公園──北投公園 [17]

1910 年臺北廳長（1910-1914）井村大吉規劃、興建「北投公共浴場」，同時依自然環境、地形修建曲徑通道，將公共浴湯附近整建爲北投公園，並摹仿東京市的上野、淺草公園，遍植櫻花、樟樹、楓樹，使北投成爲「全島第一」的溫泉休閒勝地，促進了北投的繁榮。

北投公園是繼圓山公園（1897 年啓用，又稱「一號公園」，是臺灣第一座公園）和臺北公園（1908 年啓用，又稱「新公園」，即今「二二八和平公園」）後，臺北市的第三座公園，卻是全臺首座溫泉公園。1913 年將北投溪納入公園的一部份、廣植樹木、北投山傾斜面闢成遊樂區域，建設成爲臺北人四季的遊樂地，是市民唯一的避暑勝地。

公園除觀光休閒外，還提供市政活動、民間慶典、居民集會等多重的公共用途，成爲見證歷史的場域。1902 年從臺北到北投的「納涼列車」（6 月－9 月末）變成每年的慣例，常有數百人穿浴衣來北投散步、賞月納涼、欣賞夜色。《臺灣日日新報》報社也曾主辦過「北投大納涼會」，這些都是北投公園的歷史紀錄。

變調與蛻變重生的溫泉鄉

日治時期，北投已開發成頗富盛名的溫泉旅遊勝地，二次大戰後雖短暫沉寂過，

---

17 北投公園的文化地景，請參閱：林芬郁（2015）：〈公園 · 浴場：新北投之文化地景詮釋〉，《地理研究》62，頁 25-54。北投石的歷史，請參閱：林芬郁（2013）：〈北投石命名百年紀念〉，《臺北文獻》直字 184，頁 221-237。

北投公共浴場（林芬郁收藏）

北投公園與溫泉旅館（廖明睿先生提供）

北投溫泉博物館

待 1954 年核准成立「女侍應生住宿戶聯誼會」，成為合法的風化區後，北投轉變成極盛一時的情色空間。

1967 年 12 月 22 日《Time》雜誌專文報導後，北投溫泉觀光揚名於海外，此後「溫柔鄉」遂成為北投的代名詞，更有日本團特地包團來北投尋歡作樂。政府擔心「溫柔鄉」有損臺灣國際形象，加上臺灣輿論壓力，於是在 1979 年廢止公娼制度。廢娼制度實施後，北投區的溫泉觀光業從此一蹶不振，連帶周邊依附生存的商家也受到衝擊。

二次大戰後，「公共浴場」曾做為國民黨北投黨部辦公室、中山堂、臺北縣議會招待所、圖書閱覽館、民眾服務站、民防指揮部、光明派出所等用途。1981 年初光明派出所遷出後成廢棄空屋，年久失修、遭雜亂增建的北投公共浴場荒廢十多年，直到 1995 年北投國小黃桂冠、呂鴻文老師和資優班同學進行鄉土教學時，發現破敗的「北投公共浴場」後，發起搶救將遭北投纜車計畫列為起站的公共浴場。

當時由北投國小蔡麗美老師為文「北投公共浴場，整建成溫泉博物館」陳情書，建議政府將這棟廢棄的房子整修、列為古蹟，並將之規劃為溫泉博物館。北投居民對即將失去的公共浴場，才意識到曾經擁有的生活經驗。因而對保存公共浴場有高度的地方認同感，熱愛鄉土的菁英們於 1995 年 9 月 24 日成立「臺北市八頭里仁協會」，開始推動古蹟保存運動。1997 年經內政部公告為國定三級古蹟，1998 年 10 月 31 日完成修復後，以「北投溫泉博物館」之型式進行古蹟再利用。

公共浴場不僅建築優美，對老北投人而言這是他們立足生根的地方，是兒時跟親

前日軍衛戍醫院北投分院（楊燁先生提供）　　日治時期草山公共浴場（林芬郁收藏）

朋好友或學校戶外教學美好的日常生活經驗（everyday life experience）與記憶之所在。
這種在地「局內人」的眞實感、歸屬感與對地方情感的凝聚進而產生的地景認同，早
已超越了建築物本身的文化價值，而經地方認同、再現（representation）的公共浴場則
成爲今日北投之精神地標。

　　1998 年公共浴場修復後以博物館的型式再利用，從此成爲北投居民驕傲的精神地
標，當時也將北投溫泉博物館周邊與溫泉歷史文化相關之建築一併申請文化資產鑑定，
1998 年 3-10 月間陸續登錄的有草山公共浴場[18]、長老教會北投教堂、普濟寺、北投臺
灣銀行舊宿舍、吟松閣、前日軍衛戍醫院北投分院、北投文物館、不動明王石窟等。
此際的北投人利用重新發現的文化遺產，企圖以「文化轉向」作爲再造「文化再現」
空間與文化詮釋。

　　公共浴場這孤立的歷史空間，經由北投公園連結其附近的歷史資源點，形成一個有系
統的序列保存，使得再利用的「北投溫泉博物館」能與周圍的古蹟群相互輝映。文化轉向
後的北投溫泉博物館在周圍古蹟群眾星拱月般的襯托下，外地人（outsider）對新北投地區
的地方形象轉爲「清新」，在褪除情色印象後的北投人（insider），始能徹底走出「風化區」
的陰霾，讓新北投重新定位爲充滿溫泉與文化的溫泉鄉。

18　草山公共浴場：爲紀念 1923 年裕仁皇太子臺灣行啓，1930 年 10 月 31 日竣工的公共浴
　　場眾樂園（臺北州七星郡北投庄頂北投字紗帽山 3260 番地），是爲庶民舒活筋骨、同享
　　歡樂，因而命名「眾樂園」。二次大戰後，眾樂園改爲陽明山管理局辦公廳舍，現在是
　　臺北教師研習中心。

命運多舛的新北投火車站

日治時期新北投乘降場（林芬郁收藏）

　　日治時期，日本政府積極發展新北投的溫泉休閒旅遊業，1913 年北投公共浴場、北投公園竣工後，遊客如織。1916 年 4 月 1 日新北投乘降場正式啓用，帶動新北投一地的休閒觀光人潮，1937 年火車站擴建。

　　淡水線鐵路於 1988 年 7 月 15 日晚上 10 時 45 分從臺北車站開出「淡水最後一班列車」後劃下休止符。淡水捷運線新北投站興建時，臺北市市長同意將淡水線上最後一座木造的新北投火車站免費交由金景山公司，將之遷建於彰化縣花壇鄉「臺灣民俗村」內供開放參觀之用。之後，民俗村因債務問題面臨法拍。

　　2007 年北投居民在臺北市政府文化局與永豐銀行協助下，在「公益信託[19]臺北市古蹟保存與發展基金」下設一個「北投古蹟基金」帳戶，除接受指定用於北投古蹟保存和維護的捐款外，並讓申辦持卡人的消費回饋金額（每筆消費金額之千分之 3.5）直接進入「北投古蹟基金」帳戶，從此北投古蹟的維護和保存正式邁入全民共同護持的新里程。預計勸募新台幣

19　國民信託基金：國民信託概念起源於英國，18 世紀英國是工業化發展起源地，為了避免工業化可能對自然風光和建築遺產產生無法彌補的負面影響，因此居民自主性發起保護的觀念與意識，透過成立基金模式來保護和收購受到威脅的鄉村和建築。

二次大戰後的新北投火車站（楊燁先生提供）　日治時期新北投乘降場（廖明睿先生提供）

位於彰化縣「臺灣民俗村」內的新北投火車站（洪致文教授提供）

$19,160,401 元（與新北投火車站啓用日同），希望買回車站在新北投重組。

車站「重組位置」的論戰

但是彰化縣文化局認爲新北投火車站已在民俗村 20 多年，也想要指定爲歷史建築，2012 年經臺北市與彰化縣政府文化局、北投與彰化熱心人士、債權人多方協助下，2013 年 4 月日榮公司函臺北市政府文化局，表明願意無償將新北投火車站歸還給北投。但是這意外的驚喜，在北投又掀起另一個車站「重組位置」的論戰。

2014 年 1 月 23 日臺北市政府文化局召開「新北投火車站重組公民會議」，對於新北投火車站重組位置的議題未獲得共識。3 月 26 日邀集專家學者、相關各局處代表、北投區公所、北投區三里代表召開諮詢會議。於 4 月 21 日再度召開第二次公民會議，所有與會者的發言皆圍繞在原址重組對交通衝擊大，而在七星公園內重組較適切云云。

新北投驛之於北投的意義

從歷史觀之，1913 年爲發展北投溫泉產業而興建的北投公園與公共浴場（今北投溫泉博物館）啓用後，爲載運日漸增多的溫泉旅客，1916 年由總督府鐵道部興築新北投線鐵道，提供旅客便捷的交通設施，帶動了北投溫泉休閒產業的發展。

「新北投」驛（火車站）附近逐漸集結成市，成爲「新北投」聚落地名（相對於「北投」），之後商業發展更超越了舊北投，鐵道可說是將北投溫泉產業發展推向高峰的一大助力。爲發展溫泉觀光產業而鋪設的新北投線鐵道，刻意將新北投驛設置在北投公園對面，讓旅客一出火車站，旋即與溫泉產業的入口地標－北投公園衛接。

與眾不同的是，新北投驛是臺灣鐵道史上少見的「T」字型終端式火車站，即鐵道與站房呈現 90 度角垂直。早年臺灣少有這樣的設計，是因爲大多數的火車站都是路線中途的通過站，又或是未來將會有擴充延長，只有新北投火車站一完工，就確定是支線「到此爲止」的終點，不會再往前延伸了。

北投公園噴水池與周邊的溫泉旅館，北投公園可說是溫泉產業的入口地標（林芬郁收藏）

　　新北投驛不僅是「新北投」地名的由來，又是臺灣少見的終端式火車站，與淡水線最後的一座木造火車站，更具進入北投溫泉文化入口銜接點的重要歷史意義，至此新北投火車站重組於原址的重要性不證自明了。

文化地景縱深

　　從文化資產保存的層面來說，新北投火車站值得保存的價值是無庸置疑的。就城鎮規劃的整體性而言，車站回到原址經由北投公園，連接北投溫泉博物館與其附近的前日軍衛戍醫院北投分院、普濟寺、北投臺灣銀行舊宿舍、吟松閣、北投文物館、不動明王石窟、長老教會北投教堂等歷史資源點，讓新北投火車站不再只是單一、孤立的歷史故事，而是能與周圍的古蹟群相互輝映，互相對話的歷史空間。北投公園、車站站體、舊鐵道三者的相對位置，正是這座車站保存的核心價值。

　　再者，新北投火車站見證居民過去的生活，這種個人與環境特性，以及和他人長期的互動而產生的「眞實性」，與北投居民從最初對新北投火車站的辨認到認同，與場所之間的互動到產生歸屬感的「場所精神」，即是文化資產價值的基本精神。當新北投火車站即將被重組、具體化呈現時，我們深思一下，這過程似乎遺忘了什麼？

北投公園附近都是日式溫泉旅館，山頂上是弘法大師祠（廖明睿先生提供）

日治時期的新北投驛（中偏左，已擴建，右下角是公共浴場），一走出火車站即面對北投公園（廖明
睿先生提供）

讓新北投火車站回到「真正原址」

　　我們解構被忽視的歷史與地景的縱深後，發現新北投火車站不再是孤單的建築物，而是自有其獨特位置與場域故事。因此在討論重組的位置時，更應尊重在地文化，回歸到場所精神的本質，將時空與在地居民的感情記憶連結，並重新建構原有的場所精神，才是文化資產保存的意義所在。

　　車站重組於原址所涉及的交通衝擊，終能以交通的專業知識解決。何妨效法歐美許多國家限制大型遊覽車進入古蹟區的方式，或鼓勵遊客搭乘大眾交通系統來參觀。讓新北投火車站回到「真正原址」，是迎回新北投火車站的核心價值，也才能與世界文化遺產同步。

　　目前車站「重組位置」的爭論仍在持續中。

交通資訊

■ 唭哩岸聚落：捷運淡水線唭哩岸站。
■ 新北投：捷運淡水線北投站轉乘新北投線，新北投站對面即是北投公園。

七星山風情

陽北投十八份水圳古道

追尋北投
凱達格蘭族的餘韻

••••

　　清領時期，尤其是 1790-1810 年間大量漢人移民臺灣，漢人因有犁耕稻作技術和水圳興築的優勢，主導臺灣的經濟活動。相對弱勢的平埔族為求生存，開始學習漢人的農耕技術、語言與文化。

　　平埔族人歷經地權流失、語言式微、傳統信仰轉化，與外來文化的長期衝擊影響，已融入大社會的政經文化體系。因此，現今臺北市北投區唯一的平埔聚落──番仔厝，以及信仰中心北投保德宮供奉的「番仔王爺」、「平埔社」土地公神像，更顯彌足珍貴。

　　北投區內除北投保德宮外，長老教會北投教堂與北臺灣的大廟之一關渡宮皆與平埔族凱達格蘭人有密切的關係，而清代初期漢人與凱達格蘭族人因土地紛擾不斷而立下的「漢番界碑」，也在此一併述說。

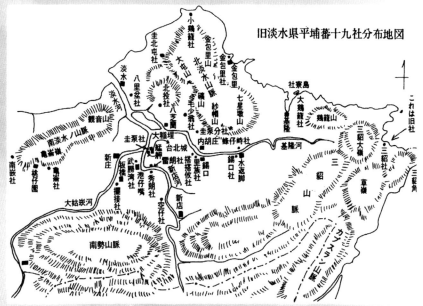

《舊淡水縣平埔蕃十九社分布地圖》，《東京人類學會雜誌》126 號（1896 年）

番仔王爺與「平埔社」土地公
凱達格蘭平埔聚落的遺跡見證——

　　荷蘭時期，北投地區的凱達格蘭人村社，劃屬於淡水集會區。據《臺北廳誌》記載，這些村社主要指圭柔、毛少翁、大屯、北投、唭哩岸、嘎嘮別等社。到了日治時期，只留存北投社、唭哩岸社、嘎嘮別社人，散居在北投庄。根據 1935 年人口調查，嘎嘮別、頂北投與北投等地尚有凱達格蘭族 54 人，北投庄其他地方則已無凱達格蘭族足跡了。

北投的原住民—凱達格蘭族

　　北投區凱達格蘭族的主要社群，簡介如下：

　　北投社（Kipatauw）有內、外之別，今北投區清江路、三合街一帶（捷運淡水線北投站附近），是內北投社的舊址。17 世紀初，已有漢人來此貿易，與凱達格蘭族人交換硫磺等物。文獻記載，北投社、金包里社掌控了大屯山的硫磺礦，在西荷時期就以硫磺與外人交換物品。荷蘭人曾如此記錄，外來者無法適應產礦區的惡劣環境，所以難以取得北投社的硫磺控制權。

　　西班牙文獻則強調，Quipatao（北投社）擁有大量硫磺，因此較其他村社富有。《臺案彙錄庚集》也指出，1788 年（乾隆 53 年）清廷因擔憂漢民用硫磺製造火藥作亂，不但嚴禁私採，並委任毛少翁、北投、金包里等社人看守硫磺坑。

　　由地契可知，北投社的土地遍及北投庄。然而，隨著漢人入墾，族人由狩獵採集、掘礦易物，至清代轉變成地土，收取佃租、擔任戍守硫磺的屯番，再歷經質借、胎典、杜賣盡根、找洗等過程，所有地逐漸縮減，甚至完全失去，日漸沒落。

嘎嘮別社祖地

唭哩岸社 (Kernannananna、Kirragenan)

社址在唭哩岸山以南、石牌國小一帶，約今立農、東華、吉利、尊賢、立賢、吉慶、永明等里（捷運淡水線唭哩岸站附近）。根據荷蘭文獻，唭哩岸似是小社，但1654年的「淡水及其附近村落及雞籠嶼圖」，該地卻繪有一排豪華房子，反映唭哩岸社一帶在當時已有相當程度的發展。

參照《重修臺灣府志》，1718年以後漢人在唭哩岸闢「莊」定居，到1760年《續修臺灣府志》時，番社與漢莊並存。1871年的《淡水廳志》，也記載番社、漢莊交錯雜處。隨著漢人移入，清代時唭哩岸社應已併入北投社。

嘎嘮別社 (Halapei)

約指今桃源里、稻香里一帶（捷運淡水線忠義站附近），亦見於1654年的地圖。《淡水廳志》記載：「嘎嘮別義塚，眾社番獻給」，可知該社與漢人頗有互動。而由地契得知，他們的土地大部分掌握在北投社手中，並與北投社有相當密切的關係。

凱達格蘭族的聚落遺跡——「番仔厝」聚落與北投保德宮

據傳，180年前居住在北投貴子坑上游頂社的嘎嘮別社潘姓族人，撿到一尊池府王爺神像。當時不知道是神像，後來藉由潘坪城的太祖「起駕」（發神蹟），才知是一

番仔王爺

道士將「表封」交給爐主焚化（功曹傳送）

尊神祇。此後，輪流供奉於潘姓爐主家中，庇佑平埔族人，因之俗稱「番仔王爺」。

　　日治時期，臺灣總督府在貴子坑地區發現瓷土，脅迫嗄嘮別社賤賣土地，族人被迫遷居中社（復興崗一帶）。又因賽馬場的興建，約60戶族人遷往下社「番仔厝」（豐年里一帶）。原本只有潘姓族人供奉的番仔王爺，因遷入番仔厝的雜姓漢人漸多，且眾人有感於池府王爺醫病神蹟顯赫，於是1971年經庄民集資，於北投區大業路525巷6弄1號番仔厝內建廟，供庄內信眾參拜，名為「保德宮」。後因捷運淡水線興建，遷至大業路525巷12號後面私人菜園內供奉。1973年與「平埔社」土地公共同供奉於「福神宮」內，1995年於原址重建為「北投保德宮」。

番仔王爺的信仰與祭典儀式

　　2007年農曆6月18日池府王爺聖誕前二日，前去記錄北投保德宮的重要祭儀。當時，廟方陣頭到關渡宮恭請關渡二媽、三媽，到淡水祖師廟恭請清水祖師，到大龍峒保安宮恭請保生大帝、北投集應廟恭請保儀尊王與保儀夫人，「入壇安座」在廟埕前的天公壇。

　　科儀桌左側，懸掛玉皇大帝、康將軍畫像，右側掛紫微大帝、趙將軍畫像。廟門口亦設置科儀桌，左側掛山神畫像，右側掛土地畫像。內壇供桌設疏牌七塊，供桌左側依序掛：天京、張天師、地府畫軸，右側依序掛水國、玄天上帝、陽間畫軸。

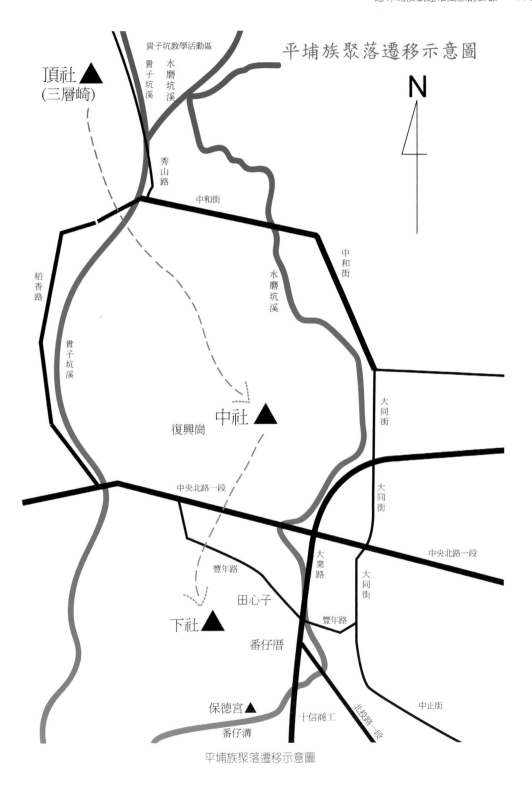

平埔族聚落遷移示意圖

祝燈延壽

　　聖誕當日晚間子時，道士團「請雷起鼓」，為建醮盛典揭幕，隨即舉行「發表」儀式（即請神），宣讀建醮主旨，恭請諸神降臨。之後，道士團進酒、請爐主焚化「表封」（功曹傳送）、飛罡（步斗）等，請神降福。科儀結束後，由信眾焚化金紙，邀請諸神參與池府王爺聖誕。

　　早上，在天公壇舉行「啟請」（迎神）儀式，之後行「登壇拜表」。儀式後，焚燒天公燈座、奏表章、疏文、高錢和金紙。下午道士團「拜懺」後，舉行普度科儀、向信眾擲供品（搶孤）。隨後，進行犒軍儀式，犒賞池府王爺的神將天兵。廟埕前，由五股霹靂五洲園搬演布袋戲酬神。

　　入夜，道士團舉行「祝燈延壽」科儀，之後舉行「敕符」儀式，接下來是「謝壇」儀式、「收兵」儀式，建醮祭典到此結束。幾日後，在英藝金獅團（番仔獅）的鑼鼓喧天中，將諸神恭送回其廟宇（送神回宮）。至此，池府王爺祭典圓滿結束。

　　依我觀察，保德宮的建醮儀式與其他廟宇無異，並未存留任何與平埔族相關的祭祀儀禮，可說完全漢化、道教化了。祭典當天，香客絡繹不絕，但絕大多數是婦孺和中老年人，平埔族人寥寥無幾。

「平埔社」的土地公信仰與祭典

　　1973 年，番仔厝庄民共同信仰的番仔溝頂土地公廟「福神宮」，因貴子坑溪淹大

水而崩塌。管理委員會決議在大業路 517 巷 58 號重建「福神宮」，供奉池府王爺與「平埔社」土地公，1995 年，又於原址擴建爲「北投保德宮」。

原福神宮内的土地公，無人知道來歷。以青斗石雕刻、長年穿著神衣的土地公，2000 年由廟方奉請隨行到北港朝天宮進香。工作人員手捧土地公過香爐時，不愼掉落爐火，眾人萬分驚恐，不知是凶兆或神明有所指示，趕緊將神像從香爐中取出。在擦拭清理時，始驚訝發現神祇背後下方刻有「平埔社」三字。

更令人稱奇的是，自此之後，土地公右手持的如意、左手扶的手杖、胸口和雙膝等處，呈現明顯的橘紅色，村民堅信這是土地公顯靈。

回顧文獻，「化番俚言」第三十二條即強調「**建立廟祠，以安神祖**」，可知在清廷的漢化政策與日常的社會接觸中，平埔族早有建廟宇、祭拜神像的情形。伊能嘉矩在《臺灣文化志》也提到：「**淡水平埔番一部（自稱客他加壠〔凱達格蘭〕）的木製祖靈偶像，作爲漢民古時崇拜后土後身的土地公即福德正神，自名番仔土地公。……平埔番原前自刻木爲神，其狀如人，或耳目口鼻，或手足皆有，乃謂土地公也。**」

由此可知，平埔族人深受漢化之後，由頭目家門前之木製祖靈偶像演化而來，顯見平埔族人漢化思想的自然流露。而由保德宮「番仔王爺」和「平埔社」土地公的聖誕祭典所舉辦的科儀觀察，都與漢人廟宇的祭典無異，這也間接說明漢人與凱達格蘭族人相融合的情形。

這裡以 2007 年農曆 8 月 12 日「平埔社」土地公聖誕的祭儀，作進一步的介紹。聖誕前，廟方先迎關渡二媽、清水祖師、保生大帝、保儀尊王與保儀夫人，安座在廟中神龕上，爲土地公祝壽祭典預做準備。

聖誕當日下午 2：40 左右，道士在天公壇舉行「登壇拜表」科儀（拜天公），酬謝天恩，邀請眾神爲土地公祝壽。儀式後，焚燒天公燈座、奏表章、高錢和金紙。隨後「桌頭」舉行「犒軍」儀式，犒賞池府王爺的神將天兵騎來的馬匹，廟埕前則由五股霹靂五洲園開演布袋戲酬神。儀式結束後，燒完金紙，隨即舉行「收兵」儀式。4：00 左右舉行「普度」科儀後，焚燒紙錢，晚上辦桌聯誼。

「平埔社」土地公，背後刻有
「平埔社」（臺南市臺灣歷史
博物館的常設展中有複刻版）

　　翌日，在英藝金獅團的鑼鼓喧天中，將迎來共襄盛舉的諸神恭送返回原廟宇，祭
典儀式到此結束。相較之下，土地公祭典的規模，比池府王爺聖誕小很多。

　　番仔厝因位於關渡平原保護區內，現居民只剩 10 戶，保德宮信徒大多來自鄰近地
區。廟方感嘆近年來較少年輕人參加廟會，很擔心傳統儀式與民俗有斷層之虞。

登錄為臺北市「文化景觀」的意涵

　　文化景觀登錄的觀念是聯合國教科文組織在 1992 年提出，文化景觀指神話、傳說、
事蹟、歷史事件、社群生活或儀式行為所定著的空間及相關連的環境，是人類與自然
交互作用下的各種呈現，表現人類與自然環境之間長期而親密的關係，並展現了人類
社會在同時受到自然環境的機會與限制，與受到連續不斷的、內在的與外在的社會、
經濟、文化力量影響下的長期演變過程。

　　位於大業路 517 巷的保德宮原址，原是十信商工的校地，建廟當時，只獲得該校
董事長口頭應允，並未持有土地。2004 年，校方想討回土地，與保德宮幾番交涉不成後，
雙方對簿公堂，於是 2007 年保德宮向臺北市政府文化局申請「文化資產價值鑑定」。

　　供奉嘎嘮別社神祇的保德宮建廟至今雖經拆遷，但是都在番仔厝的範圍內，多年
來早已是當地居民的信仰中心和兼具代表傳承凱達格蘭族文化的歷史意義。保德宮建
築物雖非古蹟或歷史建物，但卻是凱達格蘭族嘎嘮別社的「文化載體」，也是平埔族

達格蘭族嘎嘮別社文化載體－北投保德宮（已拆除）　　　　　田心仔遺址

聚落遺跡的唯一見證。

　　保德宮所在位置從未偏離過凱達格蘭族人的生活範圍，整個地理環境仍保有原住民傳說、包括地名番仔厝、番仔溝、宗教信仰與漢人、凱達格蘭族人間的互動關係，甚爲少見。是臺北市極少數保有部落痕跡、集中居住、地名完整、文化與歷史脈絡清楚的地方，具臺北盆地凱達格蘭族人的歷史重要見證，也反應該地區漢人、凱達格蘭族人定居的地景特色。

　　後經專案小組現場親勘與審查，確認番仔溝、番仔厝原爲凱達格蘭族居住地區，是臺北盆地凱達格蘭族歷史的重要見證。因此，臺北市政府文化局將北投保德宮（池府王爺、土地公神像原尊、祭具及祭典儀式等）、番仔厝、番仔溝與市定古蹟—長老教會北投教堂，登錄爲臺北市「凱達格蘭北投社（保德宮、番仔厝、番仔溝、長老教會北投教堂）」文化景觀。此外，據中研院史語所劉益昌教授的調查，番仔厝一帶有田心子遺址，屬於十三行文化晚期。

　　臺北市政府文化局雖將北投社相關景物登錄爲文化景觀，在番仔厝公園規劃興建平埔族聚落園區，將保德宮神祇遷至園區內供奉，但因公園內不得有建築物，計畫無疾而終。輾轉歷經七年，保德宮在多次協商會議、法院開庭間徘徊，終因各方缺乏共識，保德宮於 2010 年遭地方法院強制拆除，廟內神像與祭具暫時置放於原廟址旁的屋內至今。

「凱達格蘭北投社」文化景觀
（底圖：1985 年二萬分之一地形圖，中央研究院
人文社會科地理資訊科學研究專題中心提供）

長老教會北投教堂

溫馨別緻的心靈沉澱之所——長老教會北投教堂

　　在車水馬龍的中央南路上有一座古樸、典雅的小教堂，與兩旁的現代建築物形成既強烈、又突兀的對比。

　　回溯教堂歷史，1876 年 3 月 21 日加拿大長老教會宣教師馬偕（Rev. George Lesile Mackay）來到北投傳達上帝福音，並由臺灣北部基督長老教會在貴子坑上游的嘎嘮別興建一座磚造的「北投禮拜堂」做為聚會場所。

　　當時居住在淡水的信徒陳近，有一次背上長瘤到馬偕博士的診所就醫，治癒後除感佩馬偕的醫術外，也漸漸覺得接觸過的紅毛人都「信耶穌」，相較下比信佛教的臺灣人聰明些。陳近搬到北投務農後，加拿大傳教士吳威廉（Dr. William Gauld）特別到北投來探望、傳道。陳近聽聞吳威廉牧師希望在北投設佈道所後，他便樂意的奉獻建地。

　　令人不可思議的是，另一位信徒潘水生當了一個女兒得到 90 圓，奉獻給教會建教堂用。從文獻記載中得知，1930 年代工人一天的薪資所得僅 30-40 錢，由此推估可想見 1920 年代 90 圓不是一筆小數目。雖然後來這女孩由哥哥潘水土贖回，並嫁到金包里蔡家，之後她的孫子也在北投當牧師傳道。但是由潘水生當女兒捐錢給教會一事，可見原是母系社會的平埔族，當時已深受漢人重男輕女的影響了。

　　1912 年 6 月「北投禮拜堂」遷往中央南路現址，並更名為「臺北市長老教會北投教堂」。這一座以紅磚及木衍架建構的「臺北市長老教會北投

長老教會北投教堂入口側面

教堂」，是由當時加拿大來臺的傳教士吳威廉（Dr. William Gauld）所設計建造的，風格接近英國維多利亞時期的鄉村教堂，正面的山頭與具抗震作用的扶壁是它的特色。

由教會的「洗禮簿」得知，當時基督教信徒多為北投附近的凱達格蘭平埔族人，所以「北投教堂」在臺灣近代宗教發展史上極具歷史意義。且20世紀初由吳威廉所設計的教堂大都已改建，「北投教堂」是僅存的孤例，也見證了西方教會在北投發展的開端。

信仰殊途，族親不親

信奉耶穌基督的凱達格蘭平埔族人聚會的「北投禮拜堂」是由信徒陳近獻地，潘水生（1868-1941）典賣女兒捐獻興建的。但是自臺北神學院首屆畢業的北投平埔族第一位牧師潘水土（1897-1992，潘水生之子）1946年奉派到「北投禮拜堂」宣道時，因為是平埔族出身的緣故受到漢人歧視，被拒後退休。

潘水土先設立家庭聚會所，直到1960年與信徒釀資在中和街興建「自立長老會新北投教會」，同時也在此成立「凱達格蘭長老宣道協會」。

目前北投社的基督徒後裔都在「自立教會」聚會，而信奉「番仔王爺」的信徒則到保德宮拜拜，雙方都知道知彼此是族親，卻因為信仰的不同，不相往來。

自立教會內的舊木匾，說明教會源自於「基督教長老會新北投基督教會」

「自立長老會新北投教會」（臺北市凱達格蘭長老會宣道協會）

隔離政策下的漢番界碑——石牌地名的由來

1990 年代立於石牌派出所前的漢番界碑
（楊燁先生提供）

　　在人潮熙來攘往的捷運淡水線石牌站，匆忙間，可能很少有人注意到廣場上豎立一塊目前所知是臺灣北部地區勒石最早的古碑。

　　據考證這古碑是清雍正、乾隆初年，中國福建漳州人賴、魏、謝三姓來今石牌地區開闢，初期與凱達格蘭平埔族人承租土地開墾，但是後來漢人與凱達格蘭人之間時常因土地拓墾問題而起紛爭。1745-1748 年間，當時的淡水同知曾日瑛與土官，為防止土地衝突事件一再發生，因此在漢人與凱達格蘭族人交界之地立界碑，碑記：

「奉憲分府曾批斷 東勢田 南勢園 歸番管業界」

藉以區隔、分割耕作地界，杜絕彼此間的爭端。且為了有效的防患漢原爭端，當時清廷還實施了漢番隔離政策。

　　在界碑的維護下，範圍內的凱達格蘭族人與漢人享有相同的土地權。漢人須向凱達格蘭族人簽約承租土地開墾，並依雙方協議繳納番租，嚴禁漢人越界，或搶奪土地。曾日瑛所勒的這座漢番界址碑，是地方官員執行清廷漢番隔離政策的真實記錄，對臺灣早期開發過程具有重要的歷史意涵。

　　清廷治臺初期，爲治理地方、保護原住民賴以生存的獵場、旱田，與防範原住民被出入在番社的狡猾漢人「社棍」剝削，1727年巡視臺灣監察御史尹秦曾上疏建議，大社給水旱地 500 甲、中社 400 甲、小社 300 甲社田，目的在保障原住民的生活空間，且在社番耕種狩獵的地方，各立界牌，並刊載在書面上，以防範日後遭豪強侵佔。

置於捷運石牌站前的漢番界碑[6]

　　雖然這建議當時沒有付諸實施，卻是日後漢人侵佔原住民土地「禁制」的濫觴。而今「石牌」這地名，就是遵奉巡臺御史尹秦的「各立界牌」一詞而來。

　　此界碑原立在磺溪庄（今永和里），1935 年由謝金撰和張金寶從水田中挖出來後，遷移到當地唯一警察駐所（今石牌派出所）前庭院中保管，1999 年因石牌派出所改建，遷移到捷運淡水線石牌站的廣場放置。

　　任憑歷史更迭、時空變遷，在北投這多族群的生活空間中，總留下一些刪不去的歷史地景，使得北投地區呈現多采多姿的豐富樣貌。下次，當你再走過古碑前，不妨駐足觀看一下，遙想清朝初年曾在此發生過的歷史故事。

交通資訊

- 保德宮：淡水線捷運北投站下，步行至大業路 517 巷入。
- 長老教會北投教堂：淡水線捷運北投站下，步行至中央南路一段 77 號。
- 自立長老會新北投教會：捷運新北投站，步行至中和街 377 號。

6　此花崗岩界碑，縱 120 公分，橫 35 公分。

洗滌心靈 ‧
北投宗教

●●●

　　北投區登記與未登記的廟宇總共有200多間，是臺北市12
行政區中廟宇最多的[20]。關渡宮是歷史悠久又是北投的總廟門，
「干豆媽」神跡更是威震北臺灣。北投各庄的年例祭典也都是由
「干豆二媽」壓陣，我因學術研究的因緣，曾多次跟隨「干豆二
媽」遶過北投的大街小巷，與人跡罕至的山間小徑，留下許多珍
貴的記錄。

　　日治時期，新北投一帶因為是日本人集中居住的地區，因此
遺留下幾座日式的宗教信仰場所，為北投增添多采多姿的風情。

林芬郁攝影

香煙裊裊‧關渡宮

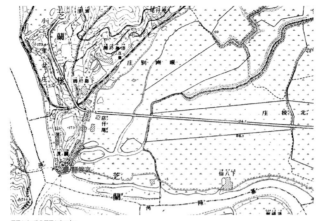

關渡與關渡宮
（底圖：1898 年日治二萬分之一堡圖，中央研究院人文社會科地理資訊學研究專題中心提供）

　　關渡史前時期即有人類生活，留有關渡貝塚遺址 [21]，也是臺北盆地開發最早的聚落之一，早期稱為干豆，這名稱最早出現於 1684 年杜臻所著的《澎湖臺灣紀略》中，是由西班牙文 Casidor 譯音而來，其它還有干答、干荳、肩脰、乾竇、關豆等名稱，到了清乾隆年間才稱為關渡，日治時期又有「江頭」之稱（關渡火車站即稱為江頭驛）。

　　舟船通航時期，關渡位於淡水河進入臺北盆地的咽喉位置，而位居海口要津的關渡宮，由關渡媽鎮守庇護內陸庶民，也兼顧海上航行船隻及漁民往來作業的安全，地位更顯重要。

　　關渡聖母神蹟顯赫，信仰圈 [22] 範圍主要是沿著基隆河沿岸發展，而拓展到臺北盆地，如滬尾、社子、三重埔、擺接、士林、內湖、松山、南港、汐止、瑞芳到平溪一帶，並經上溯基隆河水路與海路方式到達基隆等東北角聚落。

20　北投區登記有案的廟宇共 47 間，也是臺北市 12 行政區中最多的一區。
21　或稱江頭貝塚：位於今關渡馬偕護校的南側、關渡宮北側、基隆河與淡水河交匯口附近。
22　信仰圈：指涉以一個神明或其分身之信仰為中心所形成的區域性、志願性的信徒組織，區域性意指其信徒超越鄉鎮的範圍，是某個範圍內數鄉鎮或數縣市的聯合。

關渡宮今貌

　　1908 年縱貫鐵道全線通車，才改以鐵路為迎神的交通工具。所以關渡媽是藉由陸路、水路、海路、鐵路等交通路線，逐漸向外擴展而成北臺灣共同祭祀的神明，其信仰圈西岸南抵新竹，東岸則至宜蘭各地，至今信眾絡繹於途，香火鼎盛。

　　關渡宮是北投區歷史悠久、規模最大的媽祖宮，不僅是關渡的庄廟，也是北投區的總廟門。現今北投地區最重要的祭典是迎媽祖與中元普渡，各庄的年例祭典都到關渡宮請關渡媽祖，日期由各庄自行擇訂，奉為該庄年例祭典日[23]。關渡宮的中元普渡是北投區的總普，總普必須到關渡宮舉辦，由六庄分五角頭，五年一輪。可說現今整個北投區幾乎涵蓋在「關渡媽祖」的祭祀圈[24] 內。

關渡宮落成 · 諸番並集

　　相傳 1712 年（康熙 51 年）中國福建臨濟宗僧石興自湄州島將媽祖分靈，恭迎到關渡靈山，初期以茅草建廟，名「天妃廟」。最早與關渡宮相關的文獻是 1717 年周鍾

23　年例祭典：年中居民集體祭拜神明的固定時間，通常是神明聖誕日，不論是否請神明遶境巡視庄內，或僅單純祭拜神明表敬意，都有綏靖庄內之空間意義，以祈闔境平安。

24　祭祀圈：指涉一個地方社區的居民，基於對天地神鬼之共同祭祀的需求所形成的義務性的祭祀組織，而地方社區有角頭、庄社、聯庄（數庄聯合）、鄉鎮等規模大小不同之層級。

關渡宮的龍柱上刻有「北投社弟子喜助」　　靈山廟（圖片來源：《諸羅縣志》）

瑄纂修的《諸羅縣志》卷十二「雜記志 / 寺廟」，記載：「**天妃廟……在淡水干豆門。五十一年通事賴科鳩眾建，五十四年重建，易茅以瓦，知縣周鍾瑄顏其廟曰靈山。靈山廟：在淡水干豆門，前臨巨港，合峰仔峙，攏接東西二流，與海潮匯，波瀾甚壯。康熙五十一年建廟以祀天妃。落成之日，諸番並集。……**」。

　　1712 年，通事賴科鳩集當時在北投開墾的同安、興化、安溪人，共同推舉高飛鶴為董事，醵資重建新廟。諸羅知縣周鍾瑄題名為「靈山天妃廟」，並且題詩 99 首做為籤詩。後來因為淡水河水位降低，為了方便信徒朝拜，1719 年關渡宮才移建山麓，之後又分別在 1782 年、1823 年重修，廟位坐北朝南，面臨淡水河。

　　日人伊能嘉矩在《臺灣文化誌（下）》第二章番人の教化，第十五篇番政沿革：（附記），中譯如下：「**（附記）番人熟化之結果，受漢民思想同化之影響，其變化及至宗教信念，改去固有之祖先崇拜，轉換為中國之神祇。例如康熙五十一年北路淡水之甘豆門（即淡水中流之關渡）建奉祀媽祖之靈山廟時，有附近土番來詣，（事載諸羅縣志之雜記）即為其端緒。**」

　　由相關文獻與關渡宮中乾隆年間（1736-1788）的龍柱卜刻有「北投社弟子喜助」的字樣，印證了當時凱達格蘭族人的參與，與當時有凱達格蘭族人信奉漢人神明，更是漢人與凱達格蘭人融合的見證。

　　又據說某日颱風過後，庄民一如往常，前往五分港（約在今北投焚化爐附近）捕魚、撈蚵仔、魚貝等，赫然看見一尊黑面媽祖坐鎮江邊的田野間，認為是神佛機緣，於是

1960 年代關渡中港碼頭，可見到關渡宮（楊燁先生提供）

招呼庄內眾人，合力恭迎媽祖回唭哩岸的慈生宮和五谷先帝公一起護佑黎民，接受信徒景仰膜拜。

關渡媽‧鎮守要津

　　清代，慈生宮曾毀損待修，恭請乘颱風而來的媽祖暫奉關渡宮，等廟宇修復即迎回慈生宮。當慈生宮整建完竣，媽祖卻出乩開示，關渡宮是海口要津，討海者眾多，所以決意坐鎮勝跡關渡宮，與關渡媽（大媽）一起守護海口，不僅庇護內陸庶民，還兼顧海上航行船隻與漁民往來作業的安全，於是慈生宮的黑面媽祖成為海口的守護神－「關渡宮二媽」。

　　臺灣主要海港或河渡都有媽祖廟，一則護佑商船、漁船平安入港，一則護佑港市街區居民。由於港口往往形成街市，媽祖廟除了街區的居民奉祀之外，鄰近的鄉庄居民也會一起奉祀，甚至有機會發展成區域性的祭典組織。

　　臺灣的港口媽有干豆媽、基隆媽、笨港媽、梧棲大庄媽、北港媽、新港媽、鹿耳門媽祖，為何臺灣有這麼多的港口媽屹立在港口，護佑入港的船隻，這與媽祖保護航行平安的海神性格相符，而且這些港口媽的廟宇規模通常較大。媽祖除了是海神外，同時也是雨水之神（具控制水的靈力）、農業神（有驅蟲的靈力），因此農業社會大多信仰媽祖。

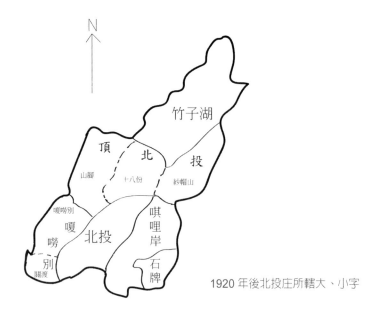

1920年後北投庄所轄大、小字

　　日治時期，關渡一地雖因淡水河河運衰退，北淡陸路交通興起、其路線遠離舊街市、日本人全力經營北投等因素，而導致關渡衰微成一寂寞寒村。但是關渡媽的角色因應社會生活型態而變遷，已由海神蛻變成萬能的媽祖婆：驅蟲害、除瘟疫、消災解厄、疾病救助等，因此並不受地理環境變化而影響其信仰圈的範圍。

關渡媽神威‧澤被北投

　　日治時期至今，北投地區各庄媽祖祭祀範圍雖有變動，但大致與日治時期的行政區範圍相同。戰後，北投地區雖然因社會變遷、生活型態改變、外來人口遷入等因素影響，但大多數北投居民仍屬關渡媽祖的祭祀圈。

　　只是較都市化、商業化與外來人口遷入較多的石牌、嗊哩岸、關渡等區，對宗教信仰活動較為冷漠，甚至有人抗議遶境隊伍妨礙交通、醫院區須靜音快速通過等。相較之下，外來人口較少移入的頂北投與竹子湖區，則仍保持傳統鄉間人士對信仰的熱忱。

　　雖然媽祖信仰是不分族群的，但在北投區的中元普渡祭祀活動中，祖籍漳州（與士林區芝山巖角頭輪值）與祖籍泉州（與關渡宮角頭輪值）的北投人各分屬不同的祖籍輪值團體。中元普渡不僅有濃厚的地緣色彩，更加強移民原籍的地緣意識，可見移民原籍的地緣意識至今仍牢不可破。

北投庄迎媽祖盛況

北投粗坑地區迎媽祖

北投各庄的年例祭典都到關渡
宮恭請關渡二媽共同遶境

北投各庄年例祭典之主辦廟宇與時間表（依舉辦之時間為序）

地區	日期（農曆）	事由	主辦廟宇	備註
北投庄	正月 11-12 日	媽祖遶境	北投慈后宮	僅正月 11 日遶境
唭里岸庄	正月 16-17 日	媽祖回娘家	慈生宮	依舊制
石牌庄	正月 18-19 日	請媽祖回宮	石牌福星宮	依舊制
永和里	正月 21 日	媽祖遶境	陽明山五福宮	自慈生宮分出
嘎嘮別庄	正月 22 日	媽祖遶境	桃源福德宮	
關渡角	3 月 23 日	媽祖遶境	關渡宮	
石牌庄	3 月 23 日	媽祖遶境	石牌福星宮	自慈生宮分出
十八份地區	3 月 23 日	媽祖遶境	張公聖君廟	屬村庄祭祀
紗帽山庄	3 月 23 日	媽祖遶境	「艋舺崙頭」里社公地（紅壇）	屬聯庄祭祀
頂北投青礜庄	4 月 12 日	清水祖師暨媽祖遶境	清天宮	屬村庄祭祀
唭哩岸庄	4 月 24 日	媽祖遶境暨五谷先帝聖誕	慈生宮	
粗坑地區	5 月 17 日	清水祖師、保儀大夫暨媽祖遶境	大屯國小內設紅壇	由祖師公選地點 屬聯庄祭祀
山腳尾	8 月 11 日	媽祖遶境	水磨福德宮	自嘎嘮別分出
竹子湖庄	8 月 12 日	媽祖遶境	小 9 公車總站（紅壇）	屬村庄祭祀

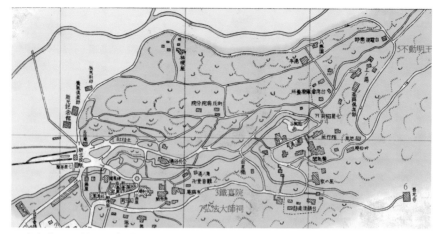

日式宗教場所集中在新北投日本人居住的地區（1、北投神社，2、觀音堂，3、鐵眞院（今普濟寺），4、七星稻荷，5、不動明王，6、善光寺，7、弘法大師祠）

宗教遺痕 · 日治表情

　　日治初期，日本佛教的各宗派僧侶就以「隨軍佈教師使」的身份，隨軍來到臺灣宣教，待 1896 年全島的軍事攻擊行動告一段落，「隨軍佈教師使」就轉爲在臺替本宗拓展教勢的「開教使」。

　　日治時期，日本的宗教信仰在殖民的優勢下傳入臺灣，七星郡北投庄因淡水線與新北投線鐵道的興建，不僅帶動當地溫泉業的繁榮，也間接的有助於僧侶從事跨區域的弘法活動，與便利民眾到廟宇參拜。

　　新北投地區在日治時期，除官方所設的北投神社（國家神道）外，另外還有日本人興建的七星稻荷（日本民間信仰）、鐵眞院（湯守觀音—溫泉守護神）、弘法大師祠（東密教）、不動明王石窟（密宗）、誓圓山法王院臺灣善光寺（淨土宗西山深草派）和大慈寺（臨濟宗妙心寺派）。

　　而宗教信仰場所又分爲日本神社建築（北投神社、七星稻荷）、石窟型（不動明王）、磯城神籬型（弘法大師祠）、日式廟宇建築（鐵眞院、誓圓山法王院臺灣善光寺、大慈寺）。新北投附近因受日本文化的影響，不但宗教信仰多元化，就連宗教信仰場所的建築樣式也可謂琳琅滿目、多采多姿，爲北投庄的地景增添不少人文風采。

　　新北投因爲是日本人聚居的地區，日式廟宇、溫泉旅館（和風建築）、臺北陸軍衛戍療養醫院北投分院（和洋混合式建築）等呈現特殊的建築型式，與漢人以土埆厝、紅磚、安山岩或唭哩岸石造屋的村落型建築景觀與

（新北投）溫泉町日本人聚居地區（楊燁先生提供）

（舊北投）臺灣人聚居地區，左邊是陳綿隆宗祠（楊燁先生提供）

機能截然不同。宛若形塑成一條無形的人文界線，明顯的區分出臺灣人與日本人的居住型態。

　　之後形成新北投地區交雜的混種文化，這種臺式與和式風格建築共構的臺和混種空間文化，久而久之界線逐漸模糊化，融合成北投地區獨有、迷人的景致，迥異於其他地方。

尋幽　·　弘法大師祠

弘法大師祠，「磯城神籬」型祭拜場（楊燁先生提供）

　　日治時期，共計8宗14派的日本佛教宗派在臺傳教，1896年眞言宗高野派傳入臺灣後，在艋舺新起街設布教所（1899），1910年在西門町設立臺灣總本山「新高野山弘法寺」（位在1948年改建的今「臺北天后宮」）。另一座保存下來的是1923年建於花蓮吉野日本移民村的「眞言宗高野山派吉野布教所」（戰後改名「慶修院」）。

　　眞言宗的創始者是弘法大師，新北投山上也有一處祭拜弘法大師的場所。

非典型宗教場所——弘法大師祠

　　古時候，日本人舉行祭神儀式，以驅邪避災、祈求平安。在神社建築之前，是以「磯城神籬」作爲祭拜場所。「磯城」是在一個清靜的地方，周圍築石成爲一祭拜場所，而「神籬」是指周圍遍植松柏等長青樹，圍成一個可祭祀、迎神降臨，與世俗隔離、安靜、神祕、嚴肅的神聖空間。新北投區正巧留有一處日本人傳遞此經驗，移植重現於臺灣的「磯城神籬」祭拜場。

　　日治時期，大師山（今丹鳳山）因種滿松樹，所以又被稱爲「松葉山」，由溫泉街往上走約半小時左右可到達弘法大師祠。1911年「茶榮講

「磯城」型祭拜場所與弘法大
師紀念碑（右邊）

中」組織興建的弘法大師祠，入口立有一對石燈籠，登上石階，只見以石欄圍住岩石打造的平臺庭院。弘法大師的座像供奉在石龕內，石龕下刻有明治 4? 年（已遭人破壞無法辨識），和興建時捐獻者的大名。

　　祠旁立「弘法大師紀念碑」，上刻「見わたせば　里の竹木も　花さきて　大師の山　光かがやく」（「遠處可望　故里花木　大師之山　光輝閃耀」）。另一石龕，外有木製龕門，不知道供奉何種神像，石龕下刻有大正 14 年（1925 年）興建時捐獻者大名。這裡視野極佳，可遠眺淡水河的潺潺流水和觀音山，近可觀北投街景，據耆老說以前這裡是小朋友來遠足踏青的好去處。

真言宗創始者——弘法大師

　　弘法大師是何許人也？

　　西元 806 年空海（即弘法大師）自中國攜帶大量密教典籍、佛具回日本，816 年嵯峨天皇准許空海在高野山創建真言宗的總本山－「金剛峰寺」，作為傳法修觀的道場。818 年天皇賜空海為「傳燈大法師」，823 年受賜東寺，創立日本佛教的「真言宗」，展開弘法，因此後人稱其所傳的密教為「東密」。

　　真言宗在空海影響下，成為日本佛教的主流。835 年空海圓寂，逝後近百年，醍醐天皇諡號「弘法大師」。爾後密教因中國禁教而失傳，卻因為弘法大師傳法，而得以

弘法大師祠全景

在日本延續下來，並對日本文化與佛教界影響甚遠。

荒野中的秘境

　　目前，弘法大師祠的石燈籠上半部崩落在地上，且嚴重風化，但刻有「奉献」的石柱倒是可清楚判讀。紀念碑、平臺庭院、岩石基地，石窟、石階、石欄等都算保持完好。石龕中供奉的神像，於戰後混亂期間，不知被何人拿走。此處原本是雜草叢生，已荒廢的秘境，2004-2005 年間由登山友意外發現，又因爲有人寫遊記放在網站上，漸漸廣爲人知。

　　第一次到丹鳳山，因無人帶路，全憑網站上的線索與方向感，在穿越一條長滿荒煙蔓草的小徑後，當看到書中所描述的「磯城神籬」祭拜場時，眼睛一亮，霎那間有如尋獲至寶的悸動，至今難忘。

離塵・普濟寺

守護北投溫泉的「湯守觀音」

北投的湯守觀音（意即守護溫泉的觀音）並不屬於日本佛教各宗派或移民神祇，是反映當時北投居民宗教、心靈寄託、守護家鄉溫泉的社會生活而衍生，展現北投區特殊的溫泉文化信仰。

湯守觀音是日治時期的臺灣總督府鐵道部運輸課長村上彰一自古書圖像中選定一尊立於龜甲之上，手持一淨水瓶的佛像，其下方有一昂首飲靈水狀的神龜（烏龜代表長壽，靈水代表溫泉源源不絕的象徵）。

佛像委託大倉組的岸本先生完成製作，1905 年 9 月由村上翁命名為「大慈大悲北投湯守觀音大菩薩」，並由「臺北堀內商會」的主人堀內桂光風先生捐獻「觀音堂」（今北投公園內）。是年 10 月 17 日為供奉在「觀音堂」的「湯守觀音」舉辦盛大隆重的開光點眼敬奉儀式。

後來原供奉在「觀音堂」中的「湯守觀音」，不知何故輾轉流傳奉祀到「鐵眞院」，並沒有明確資料。

罕見的日本真言宗佛寺──鐵眞院

1905 年平田源吾與鐵道部運輸課長村上彰一籌建，鐵道部員工與當地仕紳等捐獻興造鐵眞院，「湯守觀音」也輾轉奉祀於此。由於村上彰一先生在臺期間，促成觀音堂興建、策畫與完成北投的溫泉管路與新北投線鐵道，為紀念村上彰一先生對北投的貢獻，因此以其諡號「鐵眞」，命名「鐵眞院」。並由總督府民政長官下村宏立題額、撰文「村上鐵道翁略傳[25]」，而由此碑文的

鐵真院（今普濟寺）

鐵真院（今普濟寺）弧形的「海老虹樑」與鐘形的「花頭窗」

內容，也證實了鐵道部員工與北投開發的淵源。

　　1905 年日俄戰爭期間，日本政府將大量傷兵送到「臺北陸軍衛戍療養院北投分院」療養，為了讓傷兵心靈上能有所寄託及葬儀法事所需，「鐵眞院」當時只是讓無法趕回鎮南山臨濟護國禪寺的法師過夜住宿的簡單派住所。1915 年 12 月啓建，1916 年 1 月完工，費時 2 個月即完工，可能極為簡陋。

　　鐵眞院的主神是「湯守觀音」，目前鑲嵌在供桌中央千手千眼觀世音菩薩後面的牆壁中。鐵眞院內有一座由信眾募款所建，臺灣最大尊（連臺座高一丈有餘）的石雕子安地藏（具守護夭折嬰靈功能）。

今名「普濟寺」

　　1949 年，甘珠活佛自廣州乘船隨國民政府播遷臺灣，抵臺後當時的省政府主席陳誠先生接待甘珠活佛在北投駐錫弘法，甘珠活佛後來將「鐵眞院」更名為「普濟寺」，由于右任先生手題橫匾墨寶。

　　普濟寺大殿建築屬單簷的歇山式，面寬三開間。屋頂向前伸出，成為入口玄關，這是日本江戶時期常用的形式。大殿全為高級檜木建造，斗拱及橫樑彫刻精美。與主結構部分相連的弧形「海老虹樑」，與鐘形的「花頭窗」，別具日式風格。

　　今普濟寺莊嚴典雅的廟貌是 1934 年大規模改建後的，是臺灣罕見的日本眞言宗佛寺。

25　「村上鐵道翁略傳」石碑內容：「村上鐵道翁略傳，明治四年出生於大阪府國分寺村，大正五年一月逝世於東京本鄉湯島，臺灣縱貫鐵路興建之時忙碌奔馳投入工作，在臺灣任職期間努力北投的開發建立湯守觀音寺，在這裡蓋一間廟宇祭祀故人的靈位，依據翁的諡號稱為鐵真院，特立碑刻記翁的遺績流傳後世下村宏題額並撰文」，（背面）昭和九年七月江原節郎建之。

威猛 · 不動明王石窟

草庵前方的「草庵創建之跡」（楊燁先生提供）

北投不動明王石窟利用岩石鑿洞、內供奉石雕神像，是臺灣較少見的佛教石窟，佛教密宗護法神有五大明王：不動明王、降三世明王、軍荼利明王、大威德明王與剛夜叉明王等，又稱爲五大尊。

另外又有八大明王或十大明王，都是護法神，所以多呈現威猛的神態。不動明王又稱爲大日如來的化身，屬密教的眞言宗，法相與經典是由弘法大師由中國東渡日本的。

不動明王的神像左手提繩，據說可捆鬼靈，右手握劍，可以降魔。不動明王石窟是 1925 年日本人佐野莊太郎爲了配合他所經營的「星乃湯」（逸邨大飯店）溫泉旅館而興建的。

寺內有兩座護法神碑：「大蛇明神」碑、「青龍明神」碑—正面陰刻金字「南無妙法蓮華經，龍明神」，左面刻「昭和八年五月吉日」（1933年），應該是立碑的時間。

寺院前方原有創立人佐野庄太郎家族「佐野福藏之代」在日本皇紀 2601 年（1941 年）2 月 12 日所建供靜思修鍊的草庵，前方立有「草庵創建之跡」石碑，是由臺北市老松町石工藤原光藏雕刻，目前草庵已不存在了。

北投不動明王石窟規模小巧，前有洗手水臺和晚近所建的拜亭，洞旁清泉飛瀑，景色幽雅，是北投勝景之一。

威猛的不動明王

不動明王石窟前正在拍攝電影（楊燁先生提供）

意外造訪
日南小鎮

●●●

　　那天，離開了大甲的熱鬧廟會，搭著區間車，靜靜的欣賞窗外飛逝的風景，途中無意間看到一座中斷的橋樑，令人狐疑。在「職業病」的驅使下，查了一下它的歷史，原來是大安溪舊橋。

　　初次來到日南（平埔族舊社名），此刻夕陽餘暉正映入車站內，化身為一道令人驚艷的室內風景。沐浴在穿透進屋的溫潤陽光裡，抬頭欣賞站房美麗的原木構造，令人讚嘆。

　　走出車站，我漫無目的的在寧靜的站旁閒晃。站外，舊宿舍、道班房、燃料庫、站長官舍、員工宿舍、倉庫都讓我眼睛為之一亮。日南車站雖然已登錄為台中縣縣定古蹟，但是不知其他鐵道附屬建築是否也列入文化資產保存？

　　臺灣的文化資產保存向來只登錄單一的建築物，有時甚至連靈魂都抽離，只保留下建築物的軀殼。目前鐵道多被視為運輸工具，而忽略其深層的歷史與文化觀光魅力。建議應以地標車站為核心，結合周邊共存的相關建築群，以整體性的空間保存概念來形塑具地域特色的鐵道文化，才是推展鐵道文化觀光的利基。

日南社（圖片來源：《諸
羅縣志》，地圖　番俗圖）

依然美麗的大安溪舊橋

舊大安溪橋斷橋處（底圖：Google Earth）

馳騁於大安溪橋上的區間車（前面的橋樑是舊大安溪斷橋）

　　日治時期，大甲鎮是臺灣西部海線的重要城鎮，海線鐵道已漸漸不敷交通使用，因此全力建設道路、橋梁，以貫穿全島。

　　1922 年，橫跨今臺中縣、苗栗縣大安溪的海線鐵道舊大安溪鐵道橋通車後，1934 年 10 月在鐵道石砌橋墩西側興建的公路大橋完成，是罕見的鐵路與公路共構的橋梁，全長 916 公尺。

　　舊大安溪橋橋墩的石材都是採自大安溪河床，「石工衍橋」工法細緻，是 1920 年代普遍使用的技術，「衍橋」構造則是臺灣橋樑技術史上的經典案例。

　　1972-1975 年在舊大安溪橋西側 500 公尺處興建新「大安溪橋」（全

舊大安溪斷橋與新橋

長 985 公尺），連接外環道路，形成臺一線公路[26]，舊大安溪公路橋卸下交通運輸承載
責任，功成身退走入歷史，而鐵道橋也在 1986 年改建新橋。

　　座落在新大安溪鐵道橋（雙線）、臺一線新大安溪公路橋兩橋間，僅留下 47 座橋
墩的舊大安溪橋[27]，是唯一鐵、公路共構型式的橋樑，具工程技術史、建築史價值，更
見證臺灣交通發展史，2006 年登錄為大甲鎮「舊大甲溪橋」的歷史建築，成為大安溪
上特殊的地景。但是 2004 年橋墩在七二水災時，中段橋墩被沖毀二座，成為斷橋。

26　臺一號公路：1978 年臺灣省公路局將全省公路編號，將臺北經新竹、通宵、大甲、大肚、
　　員林、西螺、嘉義、臺南、高雄至楓港全長 456.12 公里的公路定名為西部幹線，又稱為
　　「臺一號公路」。
27　北端橋臺坐落北堤東路與中山路二段，南端橋臺坐落中山路一段與防汛道路交接處。

著名的觀光小站——日南車站

日南車站背面

　　在陽光稍稍減弱的時刻來到日南，充滿著歲月刻痕的車站，卻有著凡人無法擋的沉穩風華，至少對我來說。

　　日南車站原為臺鐵的三等站，員工編制 11 人。曾經繁華的日南車站主要輸運大安溪石材，1984 年停辦貨物運輸。由於日南火車站平均每天乘客日益減少，只有數十人，1991 年日南改成簡易站[28]，由大甲站代管，目前只有區間車停靠。

　　鐵路電氣化後，車票多改為電腦印製，日南車站是臺灣少數仍販售舊式硬質式車票的車站，吸引許多鐵道迷前來朝聖。車站內同時保留著許多從建站至今仍持續使用的鐵路文物，訴說著車站的營運歷史。車站內也有「鐵路之旅－小站巡禮紀念章」的戳章，供旅客蓋戳留念，因此日南車站成為遊客走訪的熱門地點之一。

28　甲種簡易站：有站務人員賣票，通常是派副站長駐守，站場辦理列車交會、
　　待避、閉塞等，以附近大站為其管理站。

日南車站道班房（左）與燃料庫房

燃料庫房側面

　　站外，舊宿舍、道班房[29]、燃料庫、站長官舍、員工宿舍、倉庫，仍保存得相當完整。以前鐵道員都用煤油點號誌燈，或跟火車打訊號的時候用，而這間專門用來存放號誌燈及煤油等燃料用的燃料庫，是臺灣少數留存下來的，但是鐵路電氣化後，使用功能已經消失，沒有放煤油了。日南車站因極具歷史文化價值，且在建築史上具重要歷史意義，2002 年已登錄為臺中縣縣定古蹟。

29　道班房：鐵路養護工辦公、維修鐵道與各種養護機具放置的場所。

城鎮紋理依舊的九張犁庄

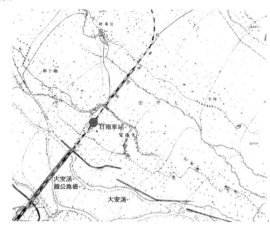

九犁庄、日南車站與大安溪橋（大安溪上可見鐵、公路橋）（底圖：1925 年日治二萬五千分之一地形圖，中央研究院人文社會科地理資訊科學研究專題中心提供）

九張犁圳大溝支線，遠處可見鐵砧山

　　昔日，日南車站與舊街地區是日南與附近地區交通、商業聚集地，縱貫線公路開通後交通往西移動，商業中心也跟隨西移，舊街漸趨沒落。

　　目前車站周遭仍可見到磚造建築與舊式街屋。一出車站右轉走入旁邊的小巷中，依稀可看到當年的聚落紋理，甘仔店、老厝等，還有一間碾米廠，可惜目前已歇業。

九張犁庄

　　出車站左轉中山路二段不久，經過左手邊的地下通道後，映入眼簾的是一大片綠油油的稻田。雖是正午時分，卻涼風拂面，令人舒暢快意。

九張犁庄聚落一角

九張犁庄芋田

　　清代已開墾的九張犁庄水圳發達，是大甲地區重要的米鄉之一，九張犁圳大溝支線是由水門引入大安溪溪水，沿著水道蜿蜒穿越在日南南端，除灌溉外，早期還作爲民生用水、洗衣、洗菜等多用途，是婦女群集洗衣、聊天的社交場所。

　　鐵道興建（1922）與西側縱貫公路（1934）開通後，經濟重心西移，位於鐵道東側的九張犁舊聚落發展趨緩，反而保存了傳統的農村景致。綠野間稻田、水圳、田埂、芋田、福德祠、土埆厝、紅磚厝、洋房散置其間，遠處可見鐵砧山。

　　雖然村落因爲交通要道沒有經過，逐漸式微似乎是無可避免的命運，但是這閒散而美麗的鄉村風情，正是我心中嚮往已久的桃花源。廣闊的綠色稻田，有撫平焦慮的魔力，讓我這心裡疲憊的都市人沉澱、平靜下來。

拜訪海線最美麗的木造車站

　　1910 年代臺灣出口農工物資劇增，昔日縱貫鐵路舊山線（三義—豐原）山坡度陡峭，列車速度與載貨噸數受到限制，又無法增加班次，造成許多貨物堆積在車站內沒辦法運送，還爆發「滯貨事件」。

　　1919 年爲增加客貨運輸量，臺灣總督明石元二郎決定興築另外一條竹南—彰化間的海岸線鐵道，以紓解原有路線的運輸量。但是當時曾遭到山線相關利益人士激烈反對，認爲新設幹線不經過臺中，會導致城市衰退。但是在總督強悍的手段下，海線鐵道依計畫興建。

　　1920 年 12 月 15 日王田驛（今成功車站）—清水先通車，1922 年 10 月 11 日海線鐵道全線（全長 90.2 公里）竣工啓用，以運送水泥、肥料、稻米，與中部鐵路所需的石渣爲主，是重要的物資轉換站。之後又興建追分驛（今追分車站）—彰化，貨運列車行經竹南或彰化時改走海線，因而改善了交通運輸瓶頸。

　　海線完工後行駛長程列車，山線只行駛區間短程車。爲了方便山線旅客的轉乘後來又興築「成追線」（成功—追分），但是因爲臺中、豐原地區人口多，舊山線又恢復行駛長程列車。

　　1979 年縱貫鐵路全線鐵路電氣化後，山線重回擔任南北客貨運的重責大任，而路程較遠的海線降爲支線，目前只有少數列車穿梭與區間車來回運行。正因爲如此，有些日治時期的木造站房意外的被保留下來。

日治木造站房

　　日治時期興建的木造站房屬日式傳統民居建築風格與西方建築語彙的結合，是當時建築的特色。而這些西方的建築語彙，源自日本明治維新時由英、法、德等國聘請多位建築學者到日本任教（也有到民間公司工作任職的），透過建築教育的養成，影響日本本土的建築師。

日治時期大甲街，繪葉書蓋上有「海岸線鐵道開通記念」戳章（廖明睿先生提供）

　　來臺的日本建築師再將西式建築的技術與樣式傳入臺灣，但是建構方式已脫離發源地的原味，造型可任由設計監造的建築師自由發揮。這類建築在木構造上受英國鄉村建築影響頗深，例如都鐸式半木結構、斜撐木骨樣式、屋型等，間接影響了臺灣木造站房的樣式與風格，也是臺灣邁向現代化建築、異國風情的里程碑。

「海線五寶」

　　同為1922年興建的縱貫鐵路海線談文、大山、新埔、日南、追分等站都是「和洋式」木造建築站房，合稱為「海線五寶」，是日治時期重要的木結構建築。

　　它們的共同特色包括屋架採西洋式三角形衍架，車站前後為不對稱建築，山牆部分都有牛眼窗，雨淋板外牆等。站房外側是木柱與木構件所組成的簷廊，環繞站房的「Y」字型柱則是海線車站的共通特色，木造站房整體造型古樸典雅。

　　入口左右邊各以兩柱並列（雙柱式），視覺上有加強入口意象的用意。兩根腳柱同時置放在同一柱礎上，上方柱頭間有格狀木條，兩柱頭在入口內緣部分有三角木板支撐，是新埔、日南、大山三座車站入口處顯著的特徵。

談文站

　　1922年啟用時稱「談文湖驛」，1954年3月1日隨地名更換改為談文站，1983年9月15日停辦貨運業務，1991年3月15日由三等站降為甲種簡易站，後由竹南負責

談文站

管理。

位於苗栗縣造橋鄉談文村的談文站，站房距離臺一號公路很近，又較公路地基低，車站面對小路，加上搭蓋遮雨棚，略顯陰暗。站內也因無售票員，有點髒亂。

談文站站房緊挨在臺一號公路旁邊，稍一不留意就可能會錯過。

大山站

1922年10月11日縱貫海線通車時稱「大山腳驛」，1962年4月1日改稱「大山站」，1984年2月1日停辦貨運業務，1985年7月1日改為三等站，1991年4月1日降為甲種簡易站，由後龍站負責管理。

大山站隱身在後龍鎮上一條小市街的盡頭，多次問路後，終於找到它的芳蹤。

新埔站

是海線鐵路中最靠海的一座車站，1971年7月15日降為簡易站，1983年9月15日停辦貨運業務，1984年恢復為三等站，1986年6月1日再次降為甲種簡易站，目前由白沙屯站負責管理。

新埔站後方因緊接著遮雨棚，將整個美麗的建築完全遮住，殊為可惜。海線五寶中距離海邊最近的新埔站，可看到通霄火力發電廠與西濱海景。

沿臺一號公路要到新埔站須轉入通往秋茂園的小路，儘管新埔站是一座美麗的歷史建築，但是它的美卻敵不過一旁的秋茂園，沒有一位遊客順道過來看它一眼，站內

大山站

大山站側面

新埔車站

新埔車站側面

日南車站正面

日南車站內部

僅有幾位鐵道迷造訪，更顯它的蒼涼寂寥。

日南站

　　日南是平埔族舊社名，位於海線的大甲段的日南車站，內部辦公室兼售票，仍保留早期的票櫃、保險櫃等設備。

　　日南車站的特色是，從正向立面觀看就像是一間斜屋頂的房子，從中間被切一半，即左邊是斜的，而右邊的屋頂卻是直的，與大山、新埔二站相同，唯獨苗栗的談文車站左邊是直的，而右邊的屋頂是斜的，正好相反。

　　1984 年 2 月 1 日起日南車站停辦貨運業務，1991 年 3 月 15 日降為簡易站，由大甲站負責管理，是這幾站中最大的一站，車站旁還有道班房、燃料庫、站長官舍遺址、員工宿舍舊址、小倉庫，仍保存完整。

追分站

　　追分位於縱貫鐵路山海線的交會點，連接成追線，追分、成功、彰化三車站，形成臺鐵獨一無二的臺鐵鐵三角。

　　1922 年營運的追分是鐵路海線的終點站，南下列車由此與山線鐵路交會。追分（おいわけ）是日本地名，意指山海線在此「分道」的意思，往南除接海線到彰化外，為了銜接山線，還建「成追線」連接追分到山線的「成功站」（舊名王田驛），以便銜接山、海線的客貨運輸，因此追分站一直擔任著運輸重任。

　　追分站特別之處是外牆面有「米」字形，是英國鄉村民宅常用的都鐸式半木結構。

追分車站背面

又因車站是以實用機能為取向，呈現了非對稱的建築立面與空間型態特質。

　　1980 年代以後，公路運輸日漸發達，貨運需求量劇降，1984 年停辦貨物營運，目前只提供旅客搭乘，且每天的班次並不多。

　　隨著「永保安康」車票大賣，追分站也效法造了「追分成功」一詞祝福考試順利、戀愛成功，為巷道內的小站帶來不少遊客。站內還準備「金榜題名」紀念章，讓遊客蓋在車票上留念。

來一趟奢侈的放空小旅行

　　偶然間與日南車站相遇，就再也無法忘懷，陸續看到其他海線木造站房的照片，更挑起我到訪每一站的衝動。

　　有著田園、聚落、溪河、碧藍海景相伴的海線鐵道，意料之外的自然風光，隨性挑一站下車都有好風情。一路微風和陽光灑落車內，僅僅是腦袋放空呆坐著，享受光影的變化，就是生活中的小確幸，也足以療癒多日鬱卒的心情。

　　還想著那天，奢侈的浪費一下時間，搭著海線普通列車，再來一趟磋跎在微風、美景的純放空旅行。

海線沿途的田園溪河　　　　　　　　　海邊的風力發電廠

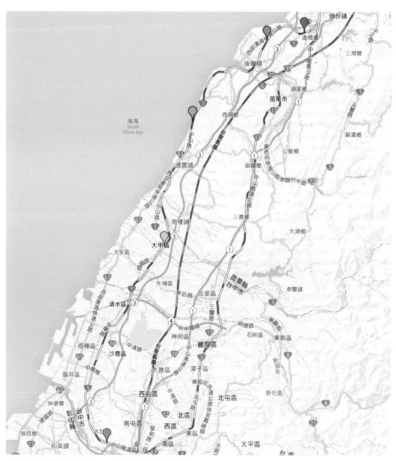

縱貫鐵路海線木造火車站位置圖（由上而下：談文、大山、新埔、日南、追分）

（底圖：中央研究院人文社會科學研究所地理資訊科學研究專題中心提供）

木頭飄香的嘉義

●●●

　　每當火車快抵達嘉義火車站時，映入眼簾的是兩旁的木材工廠，和空氣中飄散著木頭的清香……這就是我小時候對故鄉嘉義市的印象。

　　也不知為何，大學畢業後回故鄉的次數屈指可數。對於阿里山森林火車的印象，一直停留在大學時期，之後再也沒有搭過。直到 2012 年，為了參加一場座談會，才回到闊別已久的嘉義。一個人開車在嘉義市街，繞著繞著……熟悉卻又陌生的一景一物，都觸動我記憶底層。

　　在鄉愁的召喚下，連續幾次回鄉，總讓我陷入過往的記憶裡。近年來，研究重心一直在北部，卻忽略了為童年的故鄉留下記錄……

嘉義公園檳榔樹林內自轉車競爭場（廖明睿先生提供）

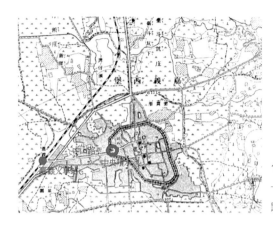

1898 年時嘉義城牆仍在（底圖：1898 年日治二萬分之一臺灣堡圖，中央研究院人文社會科地理資訊科學研究專題中心提供）

從諸羅縣到嘉義縣

　　荷蘭到明鄭時期，嘉義多是平埔族洪雅社人的聚落。1683 年，清政府設置一府（臺灣府）三縣（臺灣縣、鳳山縣、諸羅縣），1704 年縣治遷移到諸羅山（嘉義市），築有木柵護城，是臺南府城以北的政治、軍事中心。1660-1735 年間（清康熙、雍正年間），漢人移民逐漸增加，興築水利設施後，平原耕地大致拓墾完成。

　　1787 年諸羅縣改為嘉義縣，是縣治所在地。嘉義城位於北邊通往鹿港、南邊聯絡府城的交通要地，往來商旅頻繁，人口聚集、商店林立，市街一片繁榮景象。

　　1895 年嘉義縣改隸臺南縣嘉義支廳，1906 年嘉義城牆在大地震後全毀，日本政府趁此契機實施「嘉義市區改正」計畫，引進歐美近代化的都市計畫概念，陸續拆除城垣，闢建棋盤式的街道系統。

　　同時擴建火車站與舊城區間的聯繫道路，車站前面筆直的道路（今中山路），在進入舊城區的地方規劃成圓形廣場，連結城內輻射狀的街道，此後這一帶狀地區成為嘉義市的商業中心，而圓形廣場就是現在的中央噴水池，一直到今天，它都是嘉義市民精神上的重要地標。

　　另一個改變嘉義市空間結構的因素是交通建設，1896 年興築嘉義市街聯外道路，1900 年嘉義驛竣工後，鋪設聯絡道路促進了城外火車站的新市街拓展。1903 年西部縱

嘉義市街中心地（左邊是圓
形廣場，今中央噴水池位置）
（廖明睿先生提供）

貫鐵路南部段通車，嘉義市成為嘉南平原貨物的集散地，利用鐵道載送貨物輸出入安平港與打狗港（今高雄港）。

　　1906 年之後，嘉義平原上陸續有現代化的糖廠設立，為搬運材料與成品，鋪設綿密的運糖專用鐵道，這些私設鐵道最終交織在嘉義驛，再藉由縱貫鐵路將糖製成品輸出，同時也肩負載客運輸的需求，共同建構了嘉義地區完善的鐵道運輸網，更提升嘉義市在嘉義平原交通樞紐的地位。

木材都市

　　1899 年日本人發現阿里山後，政府隨即進行一連串的調查、勘查、研議工作，如林相調查、地理形勢、風土民情、鐵道搬運木材可行性等。確定阿里山蘊藏豐富的自然資源與開發價值，民政局長後藤新平決議開發。1912 年開採後，與森林相關的產業紛紛聚集在嘉義市，提供了許多就業機會，吸引大量人口遷入，迅速帶動了嘉義的經濟發展，成為全臺首屈一指的木材都市。

　　1912 年施行第二期市區改正計畫，市街往四周擴張，此時可明顯的看出嘉義市街的發展深受西部縱貫鐵道與阿里山鐵道鋪設位置的影響，市街明顯的往西邊車站的方向擴展，到 1920 年時嘉義市的城牆幾乎已拆除殆盡。

　　1920 年實施「地方制度改正」，嘉義改隸臺南州嘉義郡，經嘉義仕紳發起「置州

阿里山列車通過交力坪附近（廖明睿先生提供）

運動」以爭取嘉義市的行政資源，於是 1930 年改制爲「嘉義市」。

　　1930-1942 年間，阿里山因木材資源面臨枯竭，轉向發展觀光。阿里山鐵道行經亞熱帶、溫帶、寒帶三種森林帶，加上雲海、日出、神木特殊的自然景觀等豐富的旅遊資源，因此逐漸發展成客、貨二用運輸鐵道，同時連帶促進了「阿里山的登山入口」－嘉義市觀光產業的蓬勃發展。

　　二次大戰後，嘉義都市空間依循原來棋盤式的街道系統，繼續往南延伸發展。鐵路以東的舊中心發展趨於飽和後，實施市地重劃，朝鐵路以西的郊區發展。

　　但是，1980 年代舊市街地區，陸續拆除許多日治時期留下來的官署建築，晚近文化保存意識逐漸高漲，經民間團體努力抗爭下，許多日治時期與林業相關的產業遺址才得以保留，並以活化再利用的方式，修復後對外開放參觀，重現昔日嘉義市「木材城市」的風華。

　　這些產業遺址記錄的不只是過往林業的興衰史，與當地居民難以忘懷的生活記憶，更成爲城市行銷的特色之一。

阿里山直立汽缸蒸汽火車（洪致文教授提供）

阿里山鐵道起點——北門驛

北門驛

　　1907 年阿里山鐵道嘉義－竹崎段通車，位於嘉義市的起點－北門驛開始運作。1912 年，嘉義到二萬坪通車後，開始運送木材。從阿里山事業所運下來的木材，由北門驛與嘉義停車場的聯絡鐵道經縱貫鐵道運送到打狗港，再輸往臺灣各地、日本與世界各國。

　　1918 年，阿里山森林鐵道加掛客車車廂，提供沿線居民與登山客搭乘，北門驛從此成為通勤列車的停靠站之一。除了運送木材、旅客外，1950 年代森林鐵道也曾經在糖廠製糖期間，協助運輸甘蔗原料，1960 年載客運量增加，還運送阿里山鐵道沿線居民的日用品與山產貨物等，運輸業務相當繁忙。

獨特的營林產業地景

　　阿里山所採伐的木材都運到北門驛這裡處理，再經由縱貫鐵路運送到各地。因此在北門驛腹地內設置營林所、修理工廠、製材場、營林所官舍、貯木池等，與阿里山森林相關事業的設施，如：製材所工廠、儲木場、北門維修工廠、營林俱樂部、營林所官舍、宿舍、嘉義出張所等，在嘉義市形成特殊的營林產業地景，這一個獨特的產業空間見證了嘉義木材工業的興盛時期。

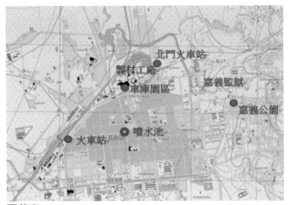

嘉義市
（底圖：1945 年美軍繪製城市地圖，中央研究院人文社會科
地理資訊科學研究專題中心提供）

　　當時的員工宿舍以日籍、臺籍與職等劃分，宿舍群中設有營林俱樂部（或稱
阿里山林場招待所），提供休閒娛樂，或招待賓客。營林俱樂部、出張所辦公廳
舍、高級長官宿舍，是嘉義市規模最大的日式宿舍群。北門驛、製材所工廠、動
力室、乾燥室、煤料儲存庫等都登錄為歷史建築，只可惜杉池已填平了。

曾是東南亞之冠的嘉義製材工廠

　　1915 年，當時東南亞規模最大的嘉義製材工廠開始營運，共佔地 16 萬 2000
坪，包括杉池、製材室、動力室、乾燥室、鋸屑室、修理室、仕分場（送入、送
出臺）等。動力室中有購自美國製造的發電機，還有英國製造的耐震煙囪，以火
力發電方式供應製材所電力。

　　嘉義製材所製材工廠的產能、製材品質是當時全東南亞地區之冠。工廠的建
築結構體以阿里山生產的檜木建造，牆體是由編竹夾泥牆、雨淋板所建構，下半
部為水泥磚造，內部的木桁架大跨距空間都保留下來，全區還有辦公室、大材、
小材製材、乾燥室、儲藏、宿舍等，2006 年 6 月 10 日修復完工，由林務局進行
再利用。

嘉義製材所製材工廠

嘉義製材工廠動力室

動力室內火力發電機基座

　　另外，屬英國「都鐸式」半木結構建築的營林俱樂部，外牆是雨淋板構造，屋架為洋式木構造，呈現歐洲鄉村別墅休閒風格。因俱樂部用途較單純，內部格局極為簡約，展現俱樂部休閒娛樂的實質功能。

　　戰後，曾有「忠孝幼稚園」使用過，1985-1987 年間，「法務部調查局嘉義調查站辦公室」作為臨時性辦公場所。調查站歸還俱樂部使用權後，嘉義林務局因員工宿舍數量不足，曾將其挪用為單身員工宿舍使用。2009 年修復後，目前做為林業相關展覽場地。

　　林業是日本殖民臺灣的施政重點，所以嘉義製材工廠、營林俱樂部與林業試驗支所（植物園）都曾列入日本皇室親族的視察行程中。

營林所側面

營林所俱樂部

嘉義車庫園區內展示的火車

嘉義車庫園區

　　昔日的阿里山森林鐵道機廠，將部分廠區整理成「嘉義車庫園區」。園區內有1912年啓用的北門修理工廠，負責維修各式火車頭、車廂，是維持阿里山鐵路車輛正常營運的重要設施。

　　爲因應森林開發，修理廠也負責臺車、集材機、起重機、架空索道、製材機、模具機等運輸及製材設備的維修，同時自行生產蒸汽火車頭的各式零件。

　　園區內的鐵軌是火車要進入修理工廠，與嘉義火車站開往北門車站必經之地。園區內有轉車臺與唯一一輛以燃煤爲動力的蒸汽機車26號蒸汽火車，不過25、31號蒸汽火車已改爲柴油引擎。另外還有元首與高級貴賓乘用專車，運送木材板車、舊式客車、貨車車廂、牽引機關車等。

　　這裡過去曾經是，且現在仍然持續是體驗鐵道文化的重要歷史場域，見證了鐵道發展對嘉義所產生的深刻影響。

阿里山森林鐵路機廠

阿里山森林鐵路修理工廠　唯一一輛以燃煤為動力的 26 號蒸汽火車

嘉義車庫園區（轉車台與 1914 年製第 23 號蒸汽機關車）

嘉義公園內自轉車競爭場（廖明睿先生提供）

花木扶疏——植物園與嘉義公園

　　為提供嘉義市民公共休閒娛樂，1902 年的「市區改正」（等同於現今的「都市計畫」）中已提出設置公園的計畫。但是 1906 年大地震後，將受災的日本人安置在公園預定地內。

　　之後，嘉義市人口增加，設置公園的需求殷切，1910 年 12 月改在山仔頂庄的嘉義廳農會農場興建嘉義公園。1911 年 11 月嘉義公園開園，園內有庭樹、泉石、小橋、流水等景觀外，大正年間還增設自轉車（自行車）跑道與運動場，提供每年舉行運動競賽使用。

　　1934 年 6 月 3 日公園內設置的兒童遊樂地開園，包括游泳池、噴水池、沙坑、低椚木、搖搖椅等遊戲設施，還有飼養動物、鳥類的小型動物園。1935 年「嘉義自動車」開始營運，可以在嘉義驛搭市內公車到達公園，增加不少便利性。

植物園

植物園內有一座通訊所

從林業試驗所到植物園

1908 年設立的嘉義植物園（位於嘉義公園北側，又稱嘉義樹木園、山仔頂植物園），原是日本殖產局進行橡膠苗木生產與實驗的橡膠實驗林地，1911 年改為「林業試驗場嘉義支場」。

1921 年與嘉義埤子頭苗圃合併，成「嘉義林業試驗支所」，選定巴西橡膠、印度紫檀、黑板樹等 10 多種經濟樹種進行造林，從南洋群島、澳洲與南美洲等地，引進百餘種熱帶、亞熱帶樹種，進行造林繁殖的試驗。

二次大戰後，植物園由農業委員會林業試驗所接收，設「中埔分所嘉義工作站」管理，不再進行材木試驗，而是開放給市民使用。植物園內豐富的林相是研究、教育、環境保育的教育場所，綠樹成蔭的植物園更是市民休閒的好地方。

神社遺跡

　　1912 年，嘉義廳廳長向總督府提出申請興建神社，希望奉祀天照大神、大國魂命、大己貴命、少彥名命、能久親王為地方守護神，並藉神道信仰感化民心，端正社會風氣。1915 年，位於嘉義公園東側高地的嘉義神社竣工，同年 10 月 28 日舉行鎮座式，1917年完成神殿與步道工程。

嘉義神社神殿全景（廖明睿先生提供）

嘉義神社參拜道上有石燈籠、狛犬

齋館

社務所

手水舍

神輿庫

　　1943 年興建神社所屬的「齋館」，作為祭祀前齋戒和準備相關典禮的場所，設有祭壇、式場與房間。另外又建「社務所」，是神社行政管理的地方，整體格局約略成 L 型，兩側隔成數個房間供神社的工作人員使用，有中廊連接齋館。

　　二次大戰後，神社本殿改為忠烈祠，可惜 1994 年 4 月 24 日遭受祝融全毀，1998 年原址改建射日塔。「社務所」由縣政府接管，暫供國軍 828 醫院使用，1987 年歸還給嘉義市政府。

　　1998 年附屬館所登錄為嘉義市市定古蹟，範圍包括齋館、社務所、手水舍、參集所、神輿庫、參拜道與兩旁的石燈籠、狛犬。2001 年齋館與社務所建築整修後，現為「嘉義市史蹟資料館」。

　　多年前曾經去過的嘉義神社，蕭瑟景象卻難掩其風華，看到被燒毀的消息，心很痛。這幾年，臺灣的舊建築申請文化資產鑑定前，總在斷水斷電的情況下會「自燃」，或是「流浪漢升火取暖不慎」等等理由，被一把「無名火」給燒毀了。嘉義神社被燒，背後可能有更複雜的因素，我想。

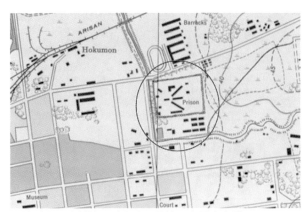

嘉義刑務呈放射狀扇形設計，圍牆下方是宿舍群（底圖：1945 年美軍繪製城市地圖，中央研究院人文社會科地理資訊科學研究專題中 心提供）

另類博物館──刑務所

　　1919-1922 年興建的「嘉義舊監獄」，原稱「臺南監獄嘉義支監」，1924 年改為「臺南刑務所嘉義支所」。監獄房舍以賓夕凡尼亞制（Pennsylvania System）格局興建，空間配置採放射狀扇形設計，以達到防止獄犯逃脫與方便管理，且符合通風、採光、防潮與空中巡邏等需求。

　　二次大戰後，1947 年改稱「臺灣嘉義監獄」。1994 年法務部將嘉義監獄遷往嘉義縣鹿草鄉，原來的舊監改設為「嘉義監獄嘉義分監」，此後逐漸減少收容受刑人的數量，目前已完全沒有受刑人收容在此了。

　　1986 年後，市府官員想要拆除嘉義舊監做「都市更新」。在民間團體的努力下，法務部也鑑於同時期興建且規劃相似的臺北、臺中、臺南等三座監獄都已改建或是拆除，因而留下這座日治時期僅存、規模最為完整的監獄建築群。

營建技術展示場

　　嘉義舊監獄大致上保留原來的空間脈絡，是全臺碩果僅存日治時期的監獄建築，也是唯一的法治建築類型，極具歷史意義。監舍、控制臺、行政區大致保留原有形貌，門窗、壁板材料大部分使用阿里山檜木，特別堅固、耐用，且具防逃功能。

空間配置採放射狀的賓夕凡尼亞制（Pennsylvania System）格局興建

結構堅實的木結構衍樑，高挑的屋樑，屋頂骨架交錯有致的幾何圖形

監獄陰森森的内部　　　　　　監獄外觀

　　「嘉義舊監獄」因為是陸續增建，至 1958 年止約有 30 座建築物。其中 1922 年所建的智、仁、勇三舍、一至二工場、行政辦公室等具有高度的歷史價值。1930、1931 年的大地震後，已將造型典雅的紅磚正門與外牆改成鋼筋混泥土。

　　監獄的建築設計為適應嘉義地區多地震與溫暖潮濕等自然環境，如屋架、加斜撐、扶壁等以抵抗地震力。高窗、太子樓的設計是為了通風、散熱、採光等，建築抬高的基座、通氣孔的設計以防潮。門窗、屋架、部分壁板材料則就近取材使用阿里山的檜木，這些都反映當時營建技術、材料的例證。

　　「嘉義舊監獄」建築群，由於是不同時期所建造的，因此建築構造類型多樣，有木造、磚木造、加強磚造、RC 造等類型建築，共存在同一場域，是營建技術的絕佳展示場。

獄政博物館

　　「嘉義舊監獄」印證了臺灣近代的獄政發展與改革歷史，2005 年登錄為國定古蹟。整修後的嘉義舊監作為推行社會法治教育的新空間，以「獄政博物館」的型式再利用，是全國唯一以「監獄建築、法治矯正教育」為主題的博物館，蒐集獄政相關文物、檔案與司法行刑資料，是獄政專題研究的重要資料庫，也是讓民眾親身體驗刑事矯正情事的教育場所。

嘉義舊監獄宿舍群 (一)　　　　　　　　　嘉義舊監獄宿舍群 (二)

到「嘉義舊監獄」參觀，一走進工場，檜木的香味撲鼻，驅趕了對監獄的恐懼感。更猛的是結構堅實的木結構衍樑，高挑的屋樑，屋頂骨架交錯有致的幾何圖形……那樣的建築空間，只有親臨現場，才能感受到其中帶來的視覺震撼。

不過，當走過牢房的走道，那股陰森的氣氛，直令人毛骨悚然。我相信，「獄政博物館」絕對能達到「法治矯正教育」的社會功能。

寂靜的嘉義舊監獄宿舍群

嘉義舊監獄宿舍區是監獄附屬員工宿舍建築群，包括看守所、地檢署、法院等法治機關單位的員工宿舍。建於日治時期的宿舍，在地震中多已倒塌毀壞，目前所見的是翻修整建後的宿舍群。因此宿舍群內除了日治時期所建的雨淋板木造建築外，還有1960 年代所建的磚造宿舍，錯落分散其間，保存尚稱完整。

嘉義舊監獄宿舍群採規則的住宅群與道路規劃，可說是日治時期公家宿舍的典型樣貌。隨著監獄遷移後，住戶也紛紛搬離，一些房舍日益凋零，只留下對過去宿舍群有著深厚的感情，不忍離去的數戶居民，整個清幽的環境，倒是成為附近居民的散步空間。

午後，漫步在這寧靜的日式宿舍區，它的美吸引我不停的按快門，也好喜歡每家庭院中大大的芒果樹，更羨慕任意躺在馬路上睡午覺的黑狗兒……

嘉義水道「水源地水錶室」(嘉義市民權路旁)

有著古木參天的嘉義神社遺跡 (現為「嘉義市史蹟資料館」)

傾聽安平追想曲

●●●

　　耳邊傳來「安平追想曲」這首熟悉的旋律，頓時腦海中即浮現出安平地區曲折的巷弄、新舊錯落的建築、熱蘭遮城斷垣殘壁的景象，歲月滄桑中，但見處處流露著人文魅力。

　　安平是荷蘭人最初登陸臺灣與築城的地點，屬臨海聚落，具有強烈的商業貿易性格，後來港口機能消失後，才轉為漁村型次要城市。據文獻記載，1722 年安平已有市仔街（今安平街），街的四周有六大部落（六社頭或六角頭），到清朝末年，重要的街道網絡都已形成。

安平市街（廖明睿先生提供）

1974 年臺南市舊航照影像（中央研究院人文社會科地理資訊科學研究專題中心提供）

　　臺江地區是因為曾文溪四次改道，帶來大量砂石，慢慢陸化而成的海埔新生地，其豐富的生態與人文的變化很值得去一探究竟。

　　臺灣的拓墾是由南而北、自西向東的進行，早期的漢人移民以農業為主，南部因缺水為共用水源，並受荷蘭時期的王田制度與明鄭時期的官田、營盤田制度的影響而採集居方式。北部則多山、丘陵，大都由多人組成「墾號」的形式向清廷申請開墾，因此較適合散村發展。臺灣以濁水溪為界，形成南部多集村，而北部多散村的聚落發展現象。

　　市街往往是因商業交易需求而形成，並具有聯繫各聚落的功能，菁寮就是一個很典型的農業集村的例子，可說是清末以來臺灣農村社會變遷的縮影，背後所隱藏的過往歲月，散發著豐厚的人文風采。

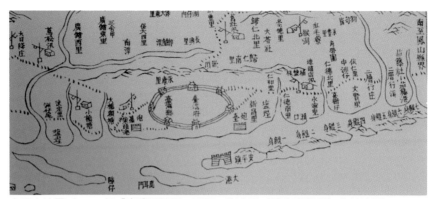

安平古地圖（1807 年「臺灣縣境圖」局部，謝金鑾《續修臺灣縣》卷首地圖）

舊情綿綿・古都安平

1624 年荷蘭人登陸臺江後，1630-1641 年期間在大員（今安平）建熱蘭遮城（Zeelandia，今安平古堡）為政治與防禦中心，城東棋盤式的古聚落有住宅、商店、貿易行、卸貨倉庫等，是貨物集散地與轉卸中心，也是臺灣第一個漢人聚落。荷蘭聯合東印度公司專營南洋、中國、日本間的轉口貿易，以糖、瓷器、生絲、紡織品與鹿皮等貨物為主。

安平聚落

1662 年鄭成功打敗荷蘭人後，為紀念故鄉將「熱蘭遮城」改名「安平鎮城」，大員市鎮改稱「安平鎮」。安平聚落因人口增加，又在東南側形成一新聚落（今石門里）。

1683 年清兵入臺，在今臺南市區建臺灣府，以臺江內海門戶的安平（一鯤鯓）為副廓，設置水師協鎮署防禦。長駐在此的水師官兵與來自不同家鄉的漢人陸續移入，同鄉的移民聚集定居在棋盤式街鎮的各角落，形成「六部社」（或「六角頭」）聚落：港仔尾社（漁業為主）、海頭社（靠安平大港）、十二宮社、妙壽宮社（近延平街商業區）、王城西社[30]、灰窯尾社[31]。

由臺灣府城並安平海口圖（1895 年）與現今地圖（google map）疊圖可看出安平地區陸化的演變（地圖：中央研究院人文社會科地理資訊科學研究專題中心提供）

　　清際，臺南與安平間的臺江內海，須靠渡船往返。1823 年的一場大洪流，曾文溪改道注入臺江內海，而挾帶的大量泥沙，使得平日可以行駛舟楫的臺江內海頓時浮覆成為海埔新生地[32]，造成河港喪失河運功能，只好從臺南的五條港開鑿運河通至出海口，以維持航運貿易。

曾經繁忙的安平港

　　1858 年安平開港，陸續有外國商行進駐，但是隨臺江地形的變遷，沙洲不斷擴張，臺江內海因逐漸淤積而縮小，一鯤鯓等沙洲最後與臺南的陸地連接，成為今日的安平平原。

　　1895 年後，安平改稱臺南支廳安平出張所，1920 年隸屬臺南市行政區，改為臺南市安平。日治時期，因清代開鑿的舊運河日漸淤積，1922-1926 年由松本虎太設計、興建的臺南運河（長 3.782 公里）連接安平港與臺南市，讓外海的船隻能駛入市區，帶動

30　王城西社：安平古堡以前又稱「王城」，角頭範圍在王城西側故稱。
31　灰窯尾社：昔日曾設將牡蠣殼燒成灰的窯，因而稱「灰窯尾」。
32　浮覆地：即海埔新生地，潟湖因陸上河川挾帶大量泥土沙石流入，逐漸沼澤化，最後形成陸地。

日治時期臺南運河（廖明睿先生提供）

商業繁榮。之後原來供停泊船隻的鹽水溪口泥沙淤積嚴重，大船無法進入安平舊港，1935 年開闢安平港，最後終因港灣的條件不佳，被新建的高雄港取代了。

二次大戰後的安平

二次大戰後，喪失商業貿易功能的安平港變成一個興盛的漁港，舊聚落南側運河邊有造船廠、製冰廠、冷凍廠、魚貨拍賣場、安平漁會等，也帶動其他相關行業的發展。

1969-1997 年，安平地區實施五階段的市地重劃 [33]，將舊聚落以東的魚塭地填平，規畫為住宅區，也將市政中心遷移到這裡，因外來人口逐漸移居，形成運河以南的安平新市區（運河以北為舊聚落）。

有「臺灣第一街」之稱的延平街（荷蘭人稱「臺灣街」，漢人則稱「市阿街」）是全臺第一條商業大街，昔日商賈交易熱絡，商船在此轉運、靠岸買賣，車水馬龍、街肆繁華。

僅容行人與腳踏車通行的延平街，當地居民極力爭取拓寬，1994 年主張拓寬街

33　市地重劃：將都市計畫範圍內不規則、畸零地，加以重新整理並興建公共設施，使面向道路、形狀方整的土地可立即建屋使用，再按原有位次分配給原土地所有權人。

熱蘭遮城

道的居民與反對的文化界人士引發「延平街事件」，1995 年 7 月居民開始自行拆屋，
1995 年 8 月臺南市政府以維護住戶安全為理由，下令拆屋，將延平街拓寬成 6 公尺道
路後，延平街完全喪失古街風貌，目前僅剩中興街和效忠街維持古厝與蜿蜒小巷弄的
樣貌了。

臺灣第一城 —— 熱蘭遮城（Zeelandia）

　　1630-1632 年荷蘭人興建的行政中心－熱蘭遮城是臺灣最古老的城堡，格局為方
形內城，在西北隅搭接長方形的外城（1635-1641 年興建）。據文獻記載堅固厚實的城
堡，是以糖水、糯米汁、蚵殼灰與磚石築成的。荷蘭官員與其眷屬居住在城內，士兵
居住在類似軍營的小村落。熱蘭遮城東側有一片棋盤式的市街建築是漢人的聚落，建
築群與城堡間有一空地，空地中央有一吊刑臺。

　　明鄭時期，鄭經曾居住過這裡，所以又稱「王城」。由於安平港日漸淤積，北邊
的鹿耳門取而代之後，安平失去扼守港口的重要地位。清初，臺灣府的行政中心遷往
赤崁，僅利用熱蘭遮城作為協鎮署、火藥庫，並無人居住，加上風沙、地震而逐漸崩壞。

　　1718、1733、1748 年熱蘭遮城雖有修繕過，但是北邊與西北角臨海的城壁受海水
侵蝕毀壞。1752 年編纂的《臺灣縣志》記載：「複道重樓，傾圮已盡」，說明了城堡
的荒廢狀態。

日治時期圓形的安平燈塔（廖明睿先生提供）

　　1868 年清廷查獲英商怡和洋行的必麒麟在梧棲走私樟腦，引發了英國軍艦炮打安平的國際糾紛，在這場戰役中熱蘭遮城的城牆破壞嚴重，形同廢墟。1874 年牡丹事件後，為鞏固安平海防，保護臺南府城，欽差大臣沈葆楨奏請興建億載金城抵禦外患。

　　1875 年清兵拆熱蘭遮城，取磚材建造億載金城，附近的居民拿走廢城的磚塊去建屋。1897 年，為興建安平稅關官舍也將內城的城基部份拆掉，經過長期的破壞後，日治後期內城只剩下土丘的形貌，外城剩下南邊城壁、西南稜堡的一部分，僅存的城殘垣壁目前規劃為「古壁史蹟公園」。

　　日治時期熱蘭遮城改稱「荷蘭城」，1908 年日本人在荷蘭城內興建白色鐵殼圓形的安平燈塔。二次大戰後，因安平港遷移，燈塔失去功能，1975 年在圓塔外加建瞭望臺。

　　一旁的古蹟紀念館是 1930 年日本政府為「臺灣文化 300 年紀念大典」所建的新式洋樓，是提供展覽與接待貴賓用的場所。現在館內展示熱蘭遮城原始模型、明清時期相關史料。

　　古堡區內原安平稅務司公館，現在改為「熱蘭遮城博物館」，陳列歷史、建物型式、考古發現等。安平古堡在不同時期的改變下，昔日風貌一去不復返。

熱蘭遮城殘垣

安平古堡瞭望臺與古砲

日治時期安平市街其一（廖明睿先生提供）

日治時期安平市街其二（廖明睿先生提供）

安平古聚落

　　1990年代的「延平街事件」，古聚落陷入都市更新與文化保存的拉鋸戰中，寂靜的安平頓時成為媒體的焦點，也讓文化保存的議題受到重視。透過「安平國家歷史風景區」的規劃改造，將古聚落豐富的歷史文化資產，結合安平港的親水空間，加上獨特的在地風味小吃，將安平打造成觀光休閒區。

　　走出安平古堡過古堡街後，有延平街、效忠街、中興街巷弄交錯間的舊民宅所構成的古聚落，目前仍大致保持著荷蘭時期的市鎮街廓、空間紋理，見證了臺灣歷史發

日治時期安平市街其三（廖明睿先生提供）

展的軌跡。

　　聚落內建築物緊密相連，在建地、經濟有限的情形下，正屋之外只有單側加建護龍的「單伸手」民居建築，是安平在地狹人稠的形勢下所發展出的特色建物。位於安北路上，1721年清代水師副總兵魏大猷後裔祖厝的海頭社魏宅，內有一廳、一房、一院、一廚，是安平地區保存最完整的單伸手民居建築。

「單伸手」民居建築（海頭社魏宅）

　　古聚落中仍留有氣宇軒昂的牆門，上面或有浮雕、劍獅、字匾，可看出昔日的氣派。而分散於巷弄間的劍獅，或成圓弧形立於牆角，或懸掛於住家門楣間，是當地傳統的辟邪厭勝物，居民用來擋煞制沖、鎮宅保平安的圖像。其他還有擋沖的刀劍屏與白虎鏡、祈福的八卦鏡、福星拱照的日月仙桃等，這些都是安平舊聚落獨特的民俗風情。

氣宇軒昂的牆門

牆上的劍獅與屋頂的坐騎都是避邪厭勝物

安平古聚落今貌

鹽水溪上昔日外商船隻繁忙出入的情況已不復見了　　德記洋行

臺灣第一洋行－德記洋行

　　1858 年清廷因英法戰爭失敗而開放商港，1865 年安平地區設立海關，一時外商雲集，紛紛在此設立洋行，極富盛名的英商德記、怡記、和記，美商唻記，德商東興等稱爲「安平五洋行」。

　　1867 年興建的英屬東印度公司德記洋行，是目前少數僅存的洋行舊樓。清末時，主要業務是臺灣出口茶、糖、樟腦，輸入鴉片等大宗貨物交易與辦保險、銀行業務等。

　　日治時期，總督府實施專賣制度，並與日商聯合壟斷貿易後，貿易量銳減，加上安平港日漸淤塞，海運轉往高雄，洋行逐漸遷移，建築物也改變成其他用途。最後只剩下德記洋行仍繼續在此營業。1911 年德記洋行轉售給「臺灣製鹽株式會社」。

　　二次大戰後，做爲臺灣製鹽總廠辦公廳舍，1979 年臺南市政府將德記洋行收回，整修後規劃爲「臺灣開拓史料蠟像館」。德記洋行後面的百年舊倉庫，在臺鹽辦公室遷移後，任其荒廢，形成樹屋共生的特殊景象。2001 年經過整修，鋼架爲樑支撐樹幹，以鋼構階梯串聯殘破倉庫，讓參觀者可在榕樹氣鬚垂掛、茂葉爲瓦的屋內任意穿梭，親近歷史空間。

　　登上木棧道空橋，又可在茂密的綠蔭下，俯視樹幹盤踞屋頂的奇景。被盤根錯節的榕樹根緊密纏繞的整座紅磚倉庫，頗有電影「古墓奇兵」中的神祕氛圍。

樹屋內部

樹屋外觀

尋遊探險・臺江內海

四草紅樹林保護區

　　臺江內海位於臺南市外海沙洲與海岸間的一大潟湖（簡稱臺江），荷蘭時期，鹿耳門是季節性來臺捕魚的漁夫們聚居的地方，明鄭時期鹿耳門港道南岸僅蓋有幾間草寮。

　　清代，鹿耳門與中國的廈門對渡，是移民與商品貨物進出臺灣的唯一正口，清廷在此設海防廳（文館）駐有鎮道海防檢驗員，另外還設置汛兵千總署（武館）、砲臺，派有官兵駐守。《臺灣府志》記載：「澎湖乃臺灣之門戶，而鹿耳門又為臺灣之咽喉也」，說明了鹿耳門位置的重要性。1823 年曾文溪改道後，臺江內海浮覆，變成今安南區大部分的土地，使得鹿耳門頓時成為廢港，之後為四草湖所取代，但也僅能當臺南門戶而已。

　　四草（舊名「北汕尾」）位於鹿耳門溪東南，鹽水溪和嘉南大圳匯集以北的地區，沙洲上的四草嶼漲潮時一部份陸地淹沒海水中，又因陸地範圍小，昔日只有漁民往返，並沒有在此定居。1860 年代才有漢人在此建立一個小村落名為「四草湖」，還有一間廟宇。目前的大社角、姓王仔角、姓陳仔角、姓吳仔角、海乾角等是清末至日治初期才形成的小型聚落。

　　臺江內海浮覆之後，因土地含鹽分過高，不利農耕，居民只能採蛤、捕魚、或在淺海低窪地區開築魚塭，而移居較靠內陸的居民則是靠農耕兼營魚塭養殖的「半山海」生活，成為當地居民最早的維生方式。

　　臺灣大量養殖漁業的興盛應是始於 1820 年代以後，西南沿海地區的

夕照餘暉　　　　　　　　　　　　　　　　　　　　水筆仔

海坪、海埔[34]曾受海水浸漬或仍受海潮影響，無法耕作，大多被開闢成漁塭，進行養殖漁業，臺江內海一帶尤盛。

　　1930 年嘉南大圳完工通水後，農業所得提高，從此確立了四草東部是農耕，西部是漁、鹽業的土地利用方式，並一直延續到二次大戰後。根據文獻記載，曾文溪曾分別在 1823 年 7 月、1871 年 7 月、1904 年、1911 年四次改道，每次都造成毀庄或遷村，因此改道後行政區劃也隨之調整。1911 年，曾文溪最後一次改道，下游河道大致底定，今安南區的聚落始穩定發展。1938 年曾文溪堤防完工，河道固定不再變動，整個（今）安南區同屬新豐郡安順庄管轄。

　　1946 年 1 月 7 日臺南市成為省轄市，同年 2 月臺南縣安順鄉併入臺南市，改稱安南區。1970 年代，臺灣經濟起飛，這裡成為臺南市區工廠外移的場所，產業結構由農、漁業轉為工商業，但是距離市區或交通要道較遠的聚落，仍維持農漁景觀。

竹筏港綠野遊蹤

　　鹿耳門是清代臺江最繁忙的大港，1820 年代後，臺江內海逐漸淤積，四草成為沼

34　海坪：浮覆地在海水退潮時露出，漲潮時被淹沒。
　　海埔：海底浮覆後，海水無法入侵的地區。海埔、海坪兩者皆屬海埔新生地。

養牡蠣的浮棚仔架，與向晚歸巢的水鳥

澤地區，鹿耳門也成廢港，「郊商」（類似現在的同業公會）集資開鑿人工運河，因為都以竹筏輪運貨物，所以稱「竹筏港」，是當時進出府城的主要航道。1930 年代，因郊商陸續停業、港道淤塞不通成廢港。

目前，航道只剩下 800 公尺可通行，區內養殖魚塭、鹽田、水道、河口沙洲所形成的潮間帶，成為留鳥、亞洲與澳洲候鳥補充體力的中繼站，1994 年劃設為「四草野生動物保護區」。廣達 3.61 公頃的保護區內有 70 多種濕地植物、招潮蟹、彈塗魚等潮間帶生物，已被觀察記錄的候鳥與留鳥達 160 多種，每年 9 月到隔年的 5 月是賞鳥最佳季節，這裡還有臺灣最多的高蹺鴴繁殖族群。

有「臺灣的亞馬遜河」美譽的「四草紅樹林保護區」，區內有紅樹欖、海茄苳、

林芬郁攝

有「臺灣的亞馬遜河」美譽的「四草紅樹林保護區」，樹梢有許多鳥類棲息

欖李、五梨跤等紅樹林樹種，是全臺歧異度最高的紅樹林區。喜歡生態旅遊的遊客可以到四草地區搭竹筏，來一趟水上國寶級的綠色隧道旅程，欣賞絕色美景。水澤間但見鳥類棲息於樹梢，細細觀察沼澤上還有神出鬼沒的蝦兵蟹將。

　　河面上，只見許多養牡蠣的浮棚仔架，可惜未見養蚵人家採收蚵，但是在沒有任何建築物阻擋下，行船間邊觀賞柔美儷人的夕照、瞬息萬變的彩霞，邊享受涼風拂面，真是舒適快意。

安順鹽田以五分車運鹽鐵道搬運狀況（廖明睿先生提供）

豔陽日下‧安順鹽場

　　1919 年，臺灣製鹽株式會社（1911 年成立）在臺南州新豐郡安順庄北汕尾投資設立「安順鹽場」（又名「安平鹽田」）。鹽田是在四草湖潟湖與沙洲間築堤隔絕海水，並在鹽田中間築一長方形島區，提供鹽工居住與工作使用，還設立碼頭以運河和安平的製鹽總廠連結。

　　安順鹽場招募原來在嘉義布袋、北門鹽場的工人，或學甲、將軍、西港、佳里、高雄湖內等地的居民來此當鹽工，由會社（公司）搭工寮供鹽工居住，位於工廠南邊的稱「南寮」，北邊還有「北寮」，均屬工業型聚落。

　　安順鹽場西部是曬鹵式鹽田，製鹽過程幾乎全靠日曬結晶成鹽，多為民生用鹽。東部是以輸滷管將鹽田的滷水輸送到安平的煎熬鹽（再製鹽）工廠，煎製成工業用鹽。

　　長方形島區設有鹽倉，島內陸運是使用輕便車鐵道以臺車將鹽運至倉庫，再以小船沿運河載到安平港後，轉裝到大貨輪上再運送到日本。安順鹽場是當時全臺灣最新的天日曬鹽場，1923 年 4 月 21 裕仁皇太子還特別到此行啓。

運鹽鐵道

　　1942 年日本鍾淵曹達株式會社在安順鹽場附近開闢「鍾淵鹽田」，

安順鹽場，運鹽軌道依稀可見（底圖：2010 臺江國家公園航照影像，中央研究院人文社會科地理資訊科學研究專題中心提供）

專門生產氯、鹼供日本海軍使用於軍事所需，廠內建有員工宿舍，還鋪設五分車運鹽鐵道（鍾淵鹽田—臺鹼公司安順側線，全程 2.2 公里）運送到永康車站，經臺糖鐵道永康站聯運，再轉縱貫鐵路向外運送。但是開工不久後旋即遭到盟軍軍機轟炸而停工，1945 年 7 月又逢大雨摧毀，鹽田整個荒廢了。

　　1946 年，鹽田由臺灣鹼業公司接管，改名「臺鹼安順場」，並進行修復，1948 年整修完工全面復曬。二次大戰後，所有鹽業機構由臺灣省專賣局接管繼續專賣，臺灣製鹽株式會社與南日本鹽業株式會社被合併為「臺南鹽業公司」，1946 年專賣局將鹽業部分移交給「臺灣鹽務管理局」，幾番更迭後，隸屬於「臺鹽實業股份有限公司」。

　　1977 年「臺鹼安順場」鹽灘由臺鹽接管，1982 年臺鹽公司將鹽田人工收鹽改以機械鹽機採收鹽，1990 年後因臺灣製鹽總廠以進口鹽為主，因此逐漸關閉鹽場。

　　1991 年經濟部決定在安南區設立「臺南科技工業區」後，在環保團體呼籲、奔走下，南寮聚落因為有豐富的鳥類資源，1994 年被劃設為「四草自然生態保護區」的「A2 水鳥保護區」，有鷗科、鷺科、秧雞科等鳥類來此覓食、棲息，是愛鳥人士賞鳥的好去處。

走入歷史的鹽田

　　1996 年鹽場停止曬鹽，安順鹽場走入歷史後，改為「臺南科技工業區」與「四草自然生態保護區」，2002 年南寮居民則遷居到工業區的住宅區內。臺灣曬鹽產業也於

原鹽務警察局

原安順場務所

2002 年 7 月 16 日在臺灣製鹽公司舉行謝天儀式後，結束了 338 年的歷史。

目前，包圍在一片廢棄鹽田中的鹽場，仍留有安順場務所、鹽場醫務所、鹽務警察局、鹽工福利中心與宿舍，場務所前面有運鹽碼頭，是國內罕見的鹽業地景。碼頭範圍內的護岸、水道仍保存良好，見證當年臺灣鹽業發展。廳舍、周邊景觀與碼頭的製鹽工業遺址，一併登錄為「原安平鹽田船溜暨專賣局臺南支局安平出張所」曬鹽古蹟區。

鹽務辦公室

運鹽碼頭

「臺鹽安順場」日式宿舍群（一），已登錄為臺南市市定古蹟（鹿耳門媽祖廟對面）

「臺鹽安順場」日式宿舍群（二）已登錄為臺南市市定古蹟（鹿耳門媽祖廟對面）

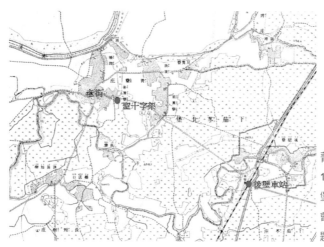

菁寮、後壁地圖（底圖：
1898 年日治二萬分之一
堡圖，中央研究院人文社
會科地理資訊科學研究專
題中心提供）

穿越時空・菁寮老鎮

　　位於臺南西北隅後壁鄉的菁寮是由菁寮、墨林、後廍三個典型稻作農村所組成的。清代，庄民大部分種植藍染植物大菁，又因村落臨八掌溪，水源豐沛，染織業興盛。「菁寮」原是指放菁仔桶（染料桶）的草寮，庄民在此搭建草寮從事藍染因而得名。

　　清代，位於八掌溪和急水溪沖積平原的菁寮才大規模的開墾，隨著農業的興盛，務農人口增多、生活機能改善、生活需求增加等逐漸發展成市集，推論「菁寮街」至少在 1860 年代已形成街肆，也是仕官商賈往來於臺南與嘉義間的重要驛站。

嘉南大穀倉

　　菁寮的耕地原屬於看天田，烏山頭水庫（1920）與嘉南大圳竣工（1930）灌溉供水穩定後，加上濕熱多雨的氣候條件，成為臺灣最重要的稻米專業區之一，素有「嘉南大穀倉」的美譽。

　　稻米收成穩定成長，農民的生活改善後，人口逐漸增多，於是許多販賣日常用品的雜貨商漸漸聚集到菁寮作生意，菁寮從單純的農業轉變成兼具市集型的農村，是八掌溪沿岸最繁華的聚落。

　　新營（1901）、後壁村（1902）先後設立火車站，1908 年縱貫鐵路全

菁寮到處可見老屋

線通車，加上 1911 年關子嶺軌道株式會社鋪設關子嶺到後壁寮的輕便軌道以輸運旅客和貨物，後壁車站附近逐漸聚集成庄，帶動當地的發展。隨著鹽水港水路優勢漸失，與南北縱貫鐵路全線通車後的日益重要，交通重心移轉到後壁，菁寮全然失去交通要衝的地位，成為沒落的小村莊。

北勢街和十字街一直是菁寮最繁華的商店街，各行各業雲集，有漢藥舖、布莊、棉被店、南北雜貨等，鄰近聚落的居民大多會到這裡購買民生用品。老街上還有提供流動小販在這裡住宿的「販仔間」（旅社）和「租賃」型的商店街屋。伴隨商業興盛，街上茶室、酒家、撞球間林立，1952 年興建的菁寮戲院是鄰近村落唯一的戲院，可惜已拆除。

1970 年代以後，臺灣由農業社會轉型為工商社會，農村收入不豐，大量年輕人紛紛外移到都市找工作，菁寮只剩老年人從事農耕。而空間就在此時瞬間凝結了，時間也彷彿在此刻被停格了……

菁寮的稻作面積達 3,500 公頃，是全國重要的米倉，屬於市集與商業機能兼具的農村聚落。原本沒沒無聞的菁寮，因為拍了「無米樂」農民生活的記錄片，意外成為稻米種植文化與傳統農夫精神的代表地，也成為菁寮觀光的活招牌。

農夫、稻田、水圳的農業景觀，古屋、合院聚落、老街的獨特空間，農民悠閒、敬天、互助的生活型態，一如現地保存的博物館，緩慢的氛圍讓人心醉，與世無爭的純樸氣息，點燃了都市人到這裡追憶往昔生活的情懷。

菁寮老街屋

販仔間（旅社）

在空無一人的菁寮老街，如同電影場景般的夢幻。

金德興藥舖

鐘錶店老闆熱情解說

令人敬佩的「無米樂」精神

　　老街上一棟醒目的單棟閣樓式木造的「樓中樓」建築立刻吸引我走入，這間約建於清乾隆年間的金德興藥舖古厝，原是林姓望族在嘉義鹿草鄉頂潭村的祖厝，後來林家家道中落，1910年賣給臺南後壁鄉染布商許遷，新屋主將古厝遷移至此，約3年後又轉賣給阮謙經營漢藥舖至今。

　　目前，金德興藥舖內還留有祖傳古色古香的木頭藥櫃，悠久歷史就是他的代名詞。猛抬頭但見店舖中央挑空、精雕細琢的木雕樓井，直叫人驚嘆。

　　十字路口旁是崑濱伯的米店，第一次去時崑濱伯被借去拍片。第二次造訪，他也不在家，就下次吧，給自己一個再來菁寮的理由……

　　街角轉個彎是1934年開使營業的「瑞榮鐘錶店」，已80多歲的老闆殷瑞祥，是聲名遠播的鐘錶修理醫生，還曾有人專程從臺北拿壞掉的古老時鐘請他修復。老闆很親切、熱情的為我介紹店裡特別的時鐘，目不暇給看著店內近百個古時鐘，我真是大開眼界，增長知識了。

　　隔壁是已有60年歷史的「隆泰棉被店」（1953年開業），老闆以手彈的傳統方式為客戶製作棉被，從不因銷售量減少而有一絲放棄的念頭。近年來因媒體的大量報導，成為觀光客參訪的熱門景點，銷售量也有增多，可惜今天沒在彈棉被。

菁寮聖十字架教堂

　　從在地耆老的身上我看到的是對老行業的堅持，對土地、農業的敬業，他們樂天、認真的生活態度，才是正港ㄟ「無米樂」精神。他們所散發出的生命力，才是地方文化最美的所在。

舉世聞名的「菁寮聖十字架教堂」（Holy Cross Church）

　　在寂靜小鎮的邊緣，遠遠即可見到一座銀色金字塔角錐教堂，獨具個性的外觀優雅的座落在田間，低調卻顯眼的存在。夏日豔陽下，以金銀色鋁板錐體金字塔造型、清水混凝土為主體的教堂更顯耀眼、突出。

　　1955 年德國方濟會 Father Erich Jansen（楊森神父）派任創建菁寮教堂，購地、籌募建堂費用後，透過德國的舅舅委請德國籍名建築師 Gottfried Böhm（哥特佛萊德‧波姆）設計教堂，波姆受邀後無償擔任聖十字架教堂的設計建築師，部分由新營的楊慶嘉建築師轉繪成施工藍圖，是臺灣罕見的建築風格的教堂，1960 年 10 月 18 日聖十字架教堂竣工啟用。1986 年，Böhm 獲得普立茲克建築獎 [35]，聖十字架教堂是他在歐洲

35　The Pritzker Architecture Prize（普立茲克建築獎）：The Hyatt Foundation（凱悅基金會）
　　每年表彰有天賦、遠見與奉獻等特質，並以建築藝術延續人道與建築環境，且具意義重大貢獻的當代建築師。是全球重要的建築獎之一，有「建築界的諾貝爾」美譽。

法國籍韋神父寫春聯

法式春聯

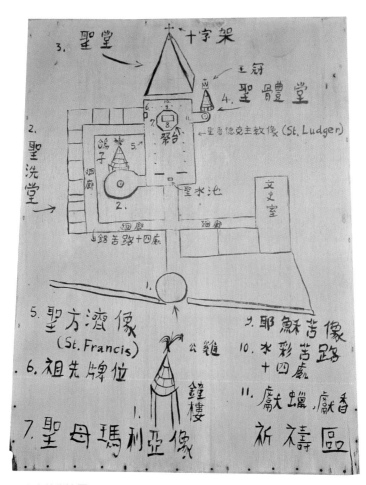

聖十字教堂簡圖

以外的三件作品之一,因此受到大眾矚目,但是他本人倒是沒來過臺灣。

這座「從稻田中蹦出來的教堂,猶如收割後排列在田中的稻草堆」,四個尖錐造型的教堂也形似「天主居住在人間的帳幕」:最大的聖殿,旁邊繞以三座小的尖錐造型的鐘樓、聖洗堂、聖體小堂,述說著天主教的信仰內涵。

鐘樓頂端的信仰標記—公雞是叫醒大家,呼喚人們親近生命中的太陽—耶穌基督。教堂內有臺灣教堂少見的自成一獨立空間的聖洗堂,頂端象徵「天主聖神」的鴿子,是為紀念耶穌在約旦受洗時,聖神如鴿子形狀停在耶穌身上。

頂端有十字架信仰標記的聖殿,入口處有「聖水池」,室內後端是八角型階梯、天花板的「至聖所」,象徵一個星期新的一天—第八天,是基督復活的日子。「至聖所」的左邊,有天主教徒尊崇的聖母瑪利亞雕像。

聖殿裡還有緬懷追思的祖先牌位,天主教堂中立有祖先牌位,是因為意識到須根據該國的環境、國情與文化認同,進而運用此文化條件達到傳教目的。所以 1962 − 1965 年間梵諦岡的第二屆大公會議「禮儀憲章」談及開放祭禮與當地文化融合之事。

聖殿右邊的「聖體小堂」,是供教友或觀光客獻蠟、撚香向耶穌禱告的地方,頂端的信仰標記—皇冠環繞十字架,象徵基督尊貴的身份與處所。

第一次路過教堂因為沒開放,只好望門嘆氣,悵然離去。第二次查明開放時間,正好有團體來參觀,由韋神父親自解說,真是太幸運了。首先沿著類似中世紀歐洲修道院的迴廊,牆上掛著耶穌得道的圖像,領略了耶穌為背負世人原罪,從跌倒到得道所走過的路徑。之後走到聖洗堂,再到聖殿的「聖水池」施禮後,才進入聖殿內的神聖空間。

參觀完後,說得一口流利臺語又幽默的韋神父,為每人寫一張法式春聯,祝福大家「平安喜樂」,還入境隨俗的蓋上喜氣的金色印章,是我這趟旅行最好的禮物。

教堂裡很多細節處都是 Böhm 以歐洲教堂設計理念而親自設計的,歷史意義非凡,除迥異於臺灣其他天主教堂的建築外,無疑是菁寮傳統農村景色中最吸睛的建築物了。

菁寮國小禮堂　　　　　　　　　　　菁寮國小日式建築

菁寮公學校 · 前世今生

　　1898 年日本政府頒布「臺灣公學校令」後，1909 年在當時的菁寮交番（こうばん，今派出所）駐在巡查菅野捨次郎、區長莊以菡與地方仕紳的提議下，1911 年核准設立「菁寮公學校」，並且任命日本福岡縣出身的谷義廉為首任校長。

　　菁寮公學校是後壁庄內最早設立的學校，作育英才無數，對後壁庄早期的人文發展影響相當深遠。

　　1911 年興建的木造瓦屋有教室、辦公室、職員宿舍等建築物，二次大戰後除沿用原來的校舍外，1951-1962 年間因學生逐漸增多，相繼增建了禮堂、辦公室、教室、宿舍等，1971 年後日治時期的建物已不堪使用了，遭陸續拆除重建。

　　1931 年 9 月動工興建的升旗臺，1933 年 4 月 15 日舉行校旗豎立典禮。二次大戰期間，鐵製旗桿被鋸斷送回日本鑄造武器。二次大戰後，升旗臺繼續使用，1982 年新的升旗臺完工後，日治時期的升旗臺仍被保留下來，除記錄建校的歷史外，也見證了戰爭的殘酷事實。

　　1941 年「菁寮公學校」改稱「菁寮國民小學」，1947 年又改為「菁寮國民學校」，1968 年復改稱「菁寮國民小學」並沿用至今。走過百年歷史的菁寮小學，歷經日治的公學校、國民學校到國民小學，各時代背景的學制，呈現臺灣百年來的教育發展史。

　　2003 年臺南縣政府將「木造禮堂、辦公室暨日治時期升旗臺座」登錄為歷史建築，

寮老街賣菜即景

禮堂（中正堂）雖是戰後所建造的，但是仍保留日式的建築風格與工藝特徵，是菁寮小學歷史發展的佐證史蹟，也見證了菁寮最繁盛的年代。

懷舊・夢幻的菁寮小鎮

　　生活在臺北城市，每天過慣了「盲、忙、茫」的日子，來到菁寮，一切步調變得異常的緩慢，心也沉靜下來，細細觀察他們的生活，幾乎感覺不到時光的流逝。而走在空無一人的老街，又如同電影場景般那樣的夢幻、不真實。

　　街上，阿桑們在路邊就賣起自家種的菜，小黃瓜、秋葵、苦瓜、蒜頭……等。走在老街，就像走進哆啦 A 夢的「任意門」一般，瞬間跌入悠閒的農業社會中……

交通資訊

- 安平：國道 1 號仁德交流道下→ 182 縣道→民生路→安平路→古堡街
- 四草紅樹林保護區：國道 8 號臺南下→安吉路→安中路→本田路→大眾街→四草
- 菁寮：（1）國道 1 號新營交流道下，新營市區接南 85 線道往菁寮
　　　　（2）國道 3 號白河交流道下，172 甲線往後壁，接南 82 鄉道
　　　　（3）新營搭「新營－白沙屯」客運至菁寮（3 小時一班）

府城巷內秘景－原「臺南測候所」（臺南市公園路 21 號）

府城隱藏版遺跡－原「臺南歷史館」側邊殘牆（臺南市開山路 3 巷 1 號）

南國高雄紀事

●●●

　　擁有南臺灣第一大港的高雄，屬副熱帶季風氣候，有海洋調節，氣候宜人。

　　自古打狗港是平埔馬卡道族打狗社番的居住地，社址約在打狗山下，高雄舊稱「打狗」即是因「打狗社」而得名。

高雄臨港區、臨港線鐵道與扇形車庫（廖明睿先生提供）

高雄港

　　荷蘭時期，打狗地區雖有漢人從事農墾，但仍只是一個捕撈烏魚的漁業據點，漁汛時期中國漢人搭寮短暫居住，非漁汛時期則來此從事貿易活動，之後漢人逐漸在旗後定居。

　　明鄭時期，打狗是軍事重鎮，地位與安平並駕齊驅。居民與中國福建、廣東一帶的漢人以物易物，明朝末年成為中國在東洋航線的要站。

　　打狗除自然地理的優勢外，還有漁業機能，又位於交通要衝，沿岸有鹽、石灰、薪材、藤等自然資源可茲利用，是發展聚落、市街的有利條件，因此漁民漸漸聚居在這裡。

　　打狗周圍腹地農業發達，經濟貿易繁榮後，帶動旗後地區的發展。清代中葉，臺江內海浮覆，大商船轉停泊打狗港，外貿商業活動漸趨發達。1860 年英法聯軍戰敗後，1863 年開放打狗港為安平外港，國際貿易更加繁盛。打狗稅務司設置在打狗港出入口

貨櫃船出高雄港

的旗後，許多外國商船停泊於此，旗後一時商賈雲集、市街繁榮。

　　日治時期，為運輸南部的米、糖等豐富農產品，1908-1912 年打狗築港後，貨物吞吐量大增，成為全臺第一大國際貿易商港。1920 年高雄為州治所在地，1924 年升格為高雄市，將高雄川（今愛河）以東地區、左營的前峰尾、桃子園等地都納入大高雄的都市計畫中。新式製糖廠、造船所、鳳梨罐頭製造業、肥料工業、製酒工業與製瓦工業等紛紛在高雄港周邊設廠生產，形成一完整的產業鏈。

　　日治末期在「南進政策」影響下，開始有重化工業（化學工業、製鋼業、煉鋁業）的建設，這裡成為臺灣重要的工業基地，從此高雄港不但是出口型港口，也逐漸發展為工業港。

　　高雄因港埠建設促進經貿發展，同時也加速都市化與商業化，可說是近代臺灣港口市鎮發展的典型。

日治時期繁忙的高雄港（廖明睿先生提供）

來來去去高雄港區

　　1899 年後藤新平民政長官南巡之際，認為打狗港有必要詳細調查，1901 年總督府技師川上浩二郎完成第一回港灣調查，詳細紀錄打狗港的沿革、街庄、港灣深淺、潮汐、海底地質、氣象、波力、港內外土砂移動等，並提出築港計畫，但是當時正在興建基隆港第一期築港工程，總督府財政困難，無力立即興築高雄港，只好擱置一旁。

　　1902 年橋仔頭製糖所開始營運，擴大鐵路運輸的需求，隨著南段鐵路逐年向北、向東修築，打狗臨時停車場擴大集貨腹地範圍，由於百貨雲集，臨時火車站站內設備漸漸不敷使用。1904 年疏濬港內泥沙，填築海埔新生地，新建打狗停車場。

　　1905-1906 年技師山形要助進行第二回港灣調查後，確認高雄港在天然環境、地理位置、泊船條件上，都是臺灣南部最佳的築港地點。

　　1908 年鳳山支線與縱貫鐵路全線通車，加上曹公圳、嘉南大圳等灌溉設施陸續興建竣工後，屏東、鳳山、旗山、大樹等地的米、糖、香蕉等農物產增加，經由鐵道輸送到高雄港外銷的貿易量遽增，築港需求迫在眉睫。

　　1908-1911 年展開第一期築港工程，並增設道路與六線東西向濱海線鐵道。1912 年實施第二期築港工程，主要擴充港口、增建碼頭、興建防波、防砂堤、填築地。

　　築港過程中，高雄港區逐漸擴大，而高雄市街也隨之擴張。又因興築

高雄港碼頭邊

　　打狗港的需求帶動打狗港區一帶工商業會社的興起，根據《高雄市勢要覽》記載，共有 19 所會社，以糖業貿易爲主。

　　1930 年代鹽埕區西南側、新濱碼頭後側、苓雅寮南側、戲獅甲的臨港區陸續成爲重工業區，爲了輸送高雄港東岸工業生產線的原料和產品，從高雄驛興築一條跨越高雄川（今愛河），沿著碼頭經苓雅寮來到前鎮的貨運鐵路（今成功路段），是高雄市最早的臨港線鐵路。1938 年進行第三期築港工事，但因戰爭期間經費困難築港工程幾乎停擺。

　　1937 年高雄市人口已達 10 萬人之多，高雄驛的腹地太狹小，不敷都市發展需求，高雄州因而擬定大高雄都市計畫，逐步移轉都市發展的核心。1941 年鐵道部於大港庄另外興建一座新高雄驛（今高雄火車站），取代舊高雄驛（高雄港站）成爲南臺灣鐵道旅客輸運的總樞紐，舊高雄驛只負責貨物輸運功能。

　　在日本政府的「南進政策」中，高雄港是「大東亞共榮圈」的重要運輸樞紐，加上軍需工業進駐，成爲「南進基地」的工業重地，而當年所立下的工業根基，是戰後高雄地區工業發展的重要基礎。

　　二次大戰期間，高雄港爲南侵根據地，遭到盟軍大量轟炸，港灣幾乎付之一炬，當時爲阻止盟軍進攻，甚至在港內擊沉五艘大船，此際的高雄港形同死港。

　　二次大戰後經過清港，巨型油輪可自由進出，之後政府陸續推動十二年擴建計畫、闢建第二港口、建加工出口區、新商港區開發與貨櫃儲運中心等帶動高雄港的發展。

高雄港區、臨港線鐵道與旗津（底圖：1945 年美軍繪製臺灣城市地圖，中央研究院
人文社會科地理資訊科學研究專題中心提供）

1975 年第二港口開通後，高雄港成爲臺灣最具規模的國際貿易商港。

臨港線鐵道

　　1899 年時鋪設打狗至臺南、打狗至九曲堂間的鳳山支線鐵道，1900 年 11 月 28 日
打狗地區第一個「打狗臨時停車場」啓用，1904-1907 年在西北側塡海埔地興建新打狗
停車場。

　　1908 年縱貫線鐵道完成，加上米、糖等農產品與阿里山林場的木材產業興盛，場
地不敷使用，1920 年打狗停車場遷移後改名爲「高雄驛」（今高雄港站）辦理客貨運
業務。後來陸續還興建濱線（漁港線）與蓬萊線區第一、二號碼頭線（商港線），連
接到各碼頭、工廠。1941 年興建新高雄驛（今高雄火車站），「舊高雄驛」只承辦貨
運與高雄至屏東的客運業務。

　　高雄經日治時期的塡海造鎭、築港，貿易通商發展成爲聚落，並藉由鐵道的延伸，
與產地、工廠、碼頭相連結，構成一綿密的貿易行動網絡。同時還規劃具有新都市概
念的哈瑪星地區，從此高雄市進入現代化都市，發展成南臺灣政治經濟產業中心。

　　二次大戰期間，舊高雄驛因位居海陸交通要衝，站房與主要場站設備遭炸毀，
1947 年重建後，更名爲「高雄港站」。扇形車庫也大半被炸，戰後重修勉強使用。

　　1958-1968 年間，高雄港實施擴建工程，興建中島商港區、第二貨櫃中心、第三貨

高雄臨港區、臨港線鐵道與扇形車庫（廖明睿先生提供）　新濱碼頭

櫃中心、前鎮漁港等用地，還陸續創設高雄加工出口區、前鎮漁港、臨海工業區、中鋼公司、臺灣國際造船公司等，這些產業都是締造臺灣經濟重要的基底。

之後，為配合港區碼頭的擴建與高雄地區重工業的發展，鐵道延伸到各碼頭。第一臨港線（13公里）環繞高雄市區的苓雅寮車場、中島車場、前鎮車場與高雄火車站，分叉出臺鋁、東工、大華、臺機鋼品廠等工廠線，與臺鹼側線、硫酸亞支線，可抵東岸、西岸與臺糖碼頭。

第二臨港線（6.8公里）是由前鎮車場、草衙車場至中興鋼廠、中油儲運中心、第二貨櫃中心與沿港其他各重要工廠，終點站設在中鋼廠區，可見鐵道是臺灣工商經濟發展的要角。

縱貫線、鳳山支線和臨港線交會處的高雄港站，是全臺最複雜的鐵路系統，設有南、北兩棟號誌樓控制複雜的鐵道變換，目前僅剩北號誌樓留存下來。

1968年後高雄港站專辦貨運業務，1970年代公路運輸興起，高雄港站的運輸量日漸減少。1993年扇形車庫遭港務局拆除，2008年臨港線停駛，鐵道陸續被拆除，這一張帶給高雄繁華的綿密運輸網絡，我們只能在老地圖中憑弔了。

打狗鐵道故事館

打狗港興築後，打狗驛成為海運與鐵道運輸的總樞紐，大幅提升客貨流通，也使

打狗鐵道故事館

清代的月臺（較低矮）

得今日哈瑪星、鹽埕地區市街快速向外擴張，發展成為與高雄港相互依賴的新市鎮。

1920 年打狗驛更名為高雄驛，是日治時期高雄市最繁榮的核心地帶。如今臨港線鐵道雖已停駛，但是鐵道的時光往事依舊烙印在居民的腦海深處。

2003 年臨港站站房、月臺登錄為歷史建築，2009、2010 年掌管列車調度與進出的北號誌樓、軌道、及其附屬設施（轉轍器系統、連動關節機械裝置）因極具工藝價值，擴大登錄為「舊打狗驛」。2010 年高雄市文化局委託中華民國鐵道文化協會進駐營運「打狗鐵道故事館」。

「打狗鐵道故事館」保存原將被廢棄的站房、設備，以實境忠實展示 1960-1970 年代臺灣鐵路貨運全盛時期的氛圍，可說是傳承、連結土地與居民記憶的場域，讓在地的歷史情感與場域特性被保留轉化，更是體驗鐵道文化的好場所。館內的資料室陳列鐵道相關圖書資料，鐵道舊物件、陳設等，處處散發著人文韻味。

鐵道地景與工業遺址是重要的文化資產，也是都市再發展的潛力。打狗鐵道故事館是一處鐵道文化的歷史場所，且修補縫合了被鐵道切斷的都市紋理，成為哈瑪星與鹽埕區的中介點，同時串連鄰近不同屬性的園區，打造出豐富又不重疊的都市活動空間，兼顧了觀光與歷史文化。

「打狗鐵道故事館」內原鐵路軌道已養護為綠色園區，有小朋友來放風箏，舊鐵道線有人慢跑、有人騎腳踏車，這裡已成為居民最佳的休閒場所。而隨著臨港線鐵道

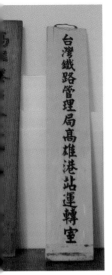

打狗鐵道故事館內部鐵道文物展示

打狗鐵道故事館內展示的火車

每個止車器代表一條鐵道

停駛，許多廢棄碼頭倉庫再利用為商場、藝術特區或咖啡店。傍晚時分，在柔和的夕陽下來到港邊，吹吹海風，或坐下來喝咖啡，愜意享受一下無所事事的美好時刻。

哈瑪星是什麼星？

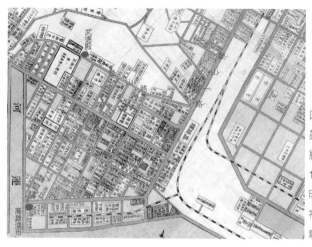

哈瑪星（1.明治製菓高雄配給所，2.合美運輸組，3.本島館）（底圖：1929年高雄市日本職業別明細圖，中央研究院人文社會科地理資訊科學研究專題中心提供）

第一次聽到「哈瑪星」這地名，直覺很外國，我的職業病又發作了。

原來哈瑪星位於高雄驛到魚貨市場與新濱碼頭間，沿港邊所築的海濱鐵道一帶。「濱海鐵路線」簡稱「濱線」日文爲はません（Hamasen），當地居民直接譯音爲「哈瑪星」。

但爲何築「濱線」呢？

全臺縱貫鐵路開通後，鐵道成爲陸運交通的樞紐，加上現代化碼頭與打狗驛的興建，都市發展由旗後町，轉移到哨船頭與哈瑪星的方向擴張。

1908年展開興建高雄港第一期築港工程時，將第一碼頭後方面積約70,000坪的區域作爲市街發展預定地，並進行湊町（哈瑪星）市街規劃，使全區呈現棋盤式街區的現代化都市設計。

1927年，高雄州水產會在漁港邊興建「高雄漁市株式會社事務所」（鼓山漁市場），是一座有拍賣設備、冷凍倉庫的現代化漁港與漁市場，並以鐵道銜接輸運漁貨，是當時最大的漁港。另外還興建事務所管理，帶動了哈瑪星的繁榮。

1941年因腹地有限，因而興建新高雄驛（今高雄火車站），加上二次大戰時遭轟炸重創，人口流失，市況漸式微。戰後，經政府扶植漁業，哈瑪星成爲南臺灣漁業重鎮，昔日繁華景象再現。1975年第二港口與前鎮漁港碼頭完工，1984年高雄港區漁會搬遷後，哈瑪星再度沒落。

日治時期的 (今) 鼓山漁市場與漁港 （廖明睿先生提供）

「高雄漁市株式會社事務所」內

鼓山漁市場

　　之後，高雄市政府想要拆除哈瑪星舊屋實施都市更新，於是 2012 年 3 月底新濱老街廓發起「挺身捍衛哈瑪星」行動，獲得廣大迴響，集結不同的人群，展開文史調查、哈瑪星深度文化導覽等活動。哈瑪星因而保存了和式、洋式與折衷式建築，豐富了街道的樣貌。

時空凝結的喫茶店

位於湊町 1920 年興建的「一二三亭」是日本人所經營的料亭，二次大戰後由南部運通船務公司使用，將木造屋改成水泥建築，但格局與屋頂不變，之後一度成為藝術空間。目前位於「一二三亭」原址（新濱町一丁目 47 番地），再度開設「一二三亭」，好奇得直叫人想一探究竟。

一二三亭

一二三亭
內部一隅

一二三亭內部

　　某日中午時分，這棟隱於市的老舊歷史建築，雅致的「一二三亭」暖簾誘人走入。從外觀看不出有何特別，入內卻高潮迭起。

　　刻意拆掉的天花板，讓原始粗獷的木衍架一覽無遺，簡約的設計風格巧妙的融入有歷史的建築中，沒有過度詮釋，卻散發濃濃的昭和味，讓人有踩踏在停格歲月的錯覺。玻璃窗灑落溫潤的光線，浸淫在日治時期柔美閒適的空間氛圍，頓時間讓煩躁的心平靜下來。

　　為了搭渡輪經過哈瑪星多次，卻不曾佇足關注。餐畢，閒散慵懶的走在沒有太多都市意象的哈瑪星街區，放慢腳步，才得見那曾經繁華過後，沉澱下的迷人風景。更訝異的是看似平凡的街區，竟聚集這麼多有心人士，打造這令人流連的空間。

　　午後暖陽下，信步走在町屋小巷，每一個角落都隱藏著過往的歲月痕跡，承載著時間，日漸斑駁的老建築，古樸又悠閒的生活調調，都讓我捨不得太快離開。

　　原來停車，就是為了要了解一個地方最好的方法……

打狗文史再興會社會舉辦的活動宣傳（打狗文史再興會社提供）

打狗的文藝復興

哈瑪星擁有豐富的歷史文化
與海洋港口景觀資源，一群關心高
雄文史保存與再生的各界人士組成
「打狗文史再興會社」，是冀望喚
起民眾對地方文史的重視與公眾事

打狗文史再興會社

務的參與，利用既有的歷史資產，重塑地方歷史人文風采，再創新市民美學。

「打狗文史再興會社」的中心理念是文史保存與城市發展共棲共生，從活動中培
養永續經營生活空間的敏銳態度，營造人與人、人與環境的關懷、舒適的生活城鎮。

一走進「打狗文史再興會社」，立即感受到歷史的韻味。這棟有靈魂的老房子傳
達著使命感，也為有理想的有志之士提供一處平衡現代文明衝擊的聚會所。

哈瑪星地區雖然許多房子已改建，胡亂走著，在轉角處、巷弄間仍可發現老舊卻美麗
的木造屋。街上，林立的「報關行」商號，彰顯這裡曾經是重要出口區的歷史時光。

目前世界的潮流已從剷除式的都市更新，進展到尊重保存地方原有特色與歷史空
間脈絡。由單棟建築物凍結式的保存方式，擴大為整體歷史保存區，以保存與更新並
存的方式，保留都市的歷史紋理，促進新的使用機能，而臺灣南端的哈瑪星正朝著這
方向前進。

（右二，紅木格子窗）「本島館」是日治時期的旅館，戰後由輪船公司使用，目前是民宅。

（右四）「合美運輸組」是日治時期處理海陸貨運的公司，戰後短暫成為販仔間（旅館），目前是餐廳。

哈瑪星街上各式建築樣式雜陳

前「明治製菓高雄配給所」

寧靜的小巷弄

美美的亭仔腳

旗津古地圖（底圖 1898 年日治二萬分之一臺灣堡圖中央研究院人文社會科地理資訊科學研究專題中心提供）

孤懸卻不遺世的旗津

　　旗津位於高雄市區的西南方，原是狹長型的連島砂洲，稱爲旗津（或旗後）半島，北端爲高雄港第一港口，東邊是高雄灣（高雄潟湖），西鄰臺灣海峽，南面原與小港區相接，1969 年興築高雄港第二港口後，與高雄分開而成孤立沙島。

　　旗津與臺灣本島間的潟湖海域是一天然良港，位於出海口的旗後早期過著漁業生活，清代是馬卡道族打狗社族人的居住地，但是漢人入墾定居時，打狗社族人已遷居他處了。

　　1673 年漁人徐阿華因颱風而到旗港（即旗後）避風雨，意外發現這裡是好漁場後，邀同鄉六家族一同來此。旗後因位於旗山之後而得名，17 世紀末年已形成「旗後莊」聚落，1699 年興建庄民信仰中心—天后宮媽祖廟。

　　旗後除漁港與商港機能促進了旗津的發展外，因位於打狗港的進出門戶，康熙年間（1662-1722）在旗後聚落設置砲臺、汛（有軍隊駐守）等軍事駐防，旗後汛與打狗汛一直是南路設兵駐防的重要軍事據點。

　　19 世紀末期因爲打狗港灣水淺，大船僅能在旗後沙洲外停泊。船舶來往頻繁，促使旗後發展成港口市街，可能是今日高雄市市街發展的起源。1860 年旗後港開放成通商口岸，各國商人相繼來此設立洋行或傳教。1864 年設打狗海關後，旗後成爲國際貿易港，先後有英、美、德各國的商行與臺灣貿易商號設立。

由旗後砲臺觀看旗後街（廖明睿先生提供）

　　1901 年旗津隸屬臺南廳打狗支廳打狗區，荻原造船鐵工所（1900）與臺灣製糖會社造船所（1910），相繼在旗後地區設造船廠，因為造船產業進入，旗後的商業繁榮達到巔峰，到二次大戰前共在旗津地區設立 14 家造船廠（集中在旗後町、和平町）。日治時期，相繼設立行政中心與公共機構，大量人口的移入，使得失去港口機能的旗後商業活動仍然頻繁。

　　1905 年旗後設打狗築港事務所，但是旗後地形狹長且腹地小，因此 1909 年打狗支廳遷移至哨船頭後，政治中心的移轉預言了旗後盛況不再的遠景。

　　1920 年改州郡制後，旗津隸屬高雄州高雄郡高雄街管轄。1924 年高雄街升格為高雄市後，旗津分成旗後町、平和町、綠町。

　　位於縱貫鐵路末端的打狗驛（高雄港站）衍生出縱橫交錯的支線環繞港區，將中南部的農產物資運送到打狗港，再由船隻接駁到旗後出口。但是高雄港啓用後，新型工業都轉往鹽埕等地設立了，由於港區的移轉，旗後漸失船舶進出之利而漸趨沒落。

　　早期旗津居民以捕魚維生，1925 年旗後成立「旗後漁業組合」設漁市場，成為附近漁業聚落的交流場所。日治時期旗津地區養蚵業也相當普遍，因雇工的需求，漸漸有澎湖與嘉義東石、布袋的人移居到此定居。

　　二次大戰後，漁業技術進步與動力船的普及，漁民收入增加，漁業人口也隨之上升。旗津地區除接收日治時期遺留的造船廠外，1950 年代政府鼓勵建造漁船，因此 1950-1980 年代旗津區陸續設立造船廠。

鼓山輪渡站（在此搭船到旗津）

　　造船業是有高度鍊結性的產業，因此除了聚集其他相關的產業外，也提供大量就業機會，大大改變了旗津的維生方式。第四貨櫃中心、海軍第四造船廠、大陳島居民安置等，改變了旗津的聚落景觀。

　　1969 年興築高雄港第二港口後，貿易商船不再停靠旗津，繁華的旗後市街榮景不再，使旗津更孤立、邊陲化了。此外，都市計畫政策、土地面積狹小、交通不便捷、缺乏發展工商都會的條件等，都是旗津沒落的原因。

　　1980 年代後，因為漁業資源漸枯竭、與政府明定只能在汰舊換新下建造新漁船等因素，漁業從業人口下降，使得造船業轉往遊艇業發展。

搭船來去旗津

　　日治時期，日本政府積極建設打狗地區，生活水準提升後，人民才有餘裕從事休閒旅遊活動。昔日的打狗八景，在旗津一地就有五處：旂山夕照（旗後山夕陽）、戍樓秋月（旗後砲臺）、汀港歸帆（打狗潟湖）、鼓灣濤聲（打狗潟湖）、江村漁歌（旗津地區），兼具自然特色與文化深度。

　　1984 年過港隧道開通前，渡輪是旗津地區往返高雄市區重要的海上交通工具。旗津渡輪歷史相當悠久，1909 年由日本人荒木萬三郎等設立「打狗巡航船株式會社」經營渡船，但卻不敵舢舨的競爭，1911 年讓售給「打狗內地人組合」。1927 年日人伊木

旗津碼頭

到達旗津後，乘客與機車走出渡輪

十郎再組「共榮組自動車商會」，經營旗後到哈瑪星的渡輪航線，直到 1937 年高雄市役所收回經營，二次大戰後則由高雄市政府接收。

1980 年代以降，政府推動旗津地區的觀光業，開發旅遊景點，遊客增加帶動消費，促進了商業發展。觀光街道從旗津渡輪站到海水浴場的廟前街，沿途還有天后宮與旗後教堂等古蹟，加深了遊憩的文化價值。過了天后宮有許多海產店、紀念品店、冷飲店等，皆以遊客為服務對象。

臺灣大多數的觀光地區已同質化了，旗津也不例外，海產店外就是千篇一律的禮品店，但是讓我想去旗津的理由除了旗後砲臺外，就是想再次搭渡輪了。搭船時伴隨著摩托車的汽油味，欣賞漁港景色，乘客與摩托車接踵上、下船，這樣的感觀、嗅覺都令人莫名的興奮與難忘。

位於熱鬧街區的旗津天后宮

漁民的信仰中心──旗津天后宮

　　1670 年代徐阿華與同鄉漁民迎奉湄洲媽祖來臺，1691 年庄民共同出資創建高雄地區最早的天后宮，早期是附近聚落的信仰中心，從此旗後就以媽祖廟爲中心逐漸發展開來。天后宮因座落在旗津碼頭前，許多貿易商也是虔誠的信徒。

　　1887 年洋商張怡記等號召重修天后宮，1926 年信徒蔡吉六發起重建，1946 年更名爲「旗津天后宮」沿用迄今。1948 年蔡文賓等人醵資整修，天后宮才有今天的樣貌。

　　旗津天后宮爲兩殿（三川殿、正殿）、左右護龍的格局，前殿與正殿間以亭相連。中門石獅造型優美，廊牆下花崗石花鳥堵古拙味濃。木門上的歷史人物及麒麟木雕，姿態栩栩如生，都是民間藝術的傑作。

　　天后宮的側邊有古銅鐘（1886 年）、「汛口私抽勒銀」碑（1867 年）、「船戶公約」碑（1859 年），與 1892 年的木楹對聯：「旗峰煥彩得光照，鼓嶼來潮汐信通」與「敕封順天聖母」古匾，左護室內供有一艘王爺船，使天后宮濱海廟宇的特質表露無遺。

清代旗後砲臺（廖明睿先生提供）

軍防要塞 · 旗後砲臺

　　高雄港昔稱打鼓港，有打鼓山與旗後山對峙，康熙年間清政府在此設打鼓汛與旗後汛。旗後汛有砲臺一座，另有煙墩一個、望高樓一座，鎮標右營撥兵三十名看守。

　　清末，打狗山的大坪頂、哨船頭與旗後山上，依地形高度設置有三座砲臺，最高處的「大坪頂砲臺」，現已埋入土堆，「旗後砲臺」次高，哨船頭的「雄鎮北門」砲臺最低，三個砲臺結合成為扼守打狗港整體安全的防禦線。

　　鴉片戰爭時，臺灣道姚瑩為防範英軍攻擊，在旗後山上的水師汛砲臺內，安置大砲 8 座，外委一員帶兵 50 名，鄉勇二百名共同防守。1858 年天津條約後，在旗後設海關分關，旗後砲臺地位日漸重要。

　　1874 年牡丹社事件後，沈葆楨來臺加強海防事務，因打狗地勢險要，命令駐防副將王福祿主持，聘英籍哈務德（J. W. Harwood）四品總教習督造，1875-1876 年改建舊砲臺。

　　南北向的「旗後砲臺」，與旗後山的山勢走向一致，砲臺平面呈「目」字形，北區有營門、操場、兵房，中區為指揮區，中央有一條溝漕形的通道貫穿南北，連繫南北二區。南區為彈藥庫，砲座置於西、南、東三方，共安置四門 6.5 噸英製大砲，下面是兵房與彈藥貯藏庫，還有士兵休息住宿的營房。砲臺正門是斜向伸出的八字牆，門牆兩邊用磚砌的「囍」字，具強烈中國式建築風格。

日治時期旗後砲臺正門，八字牆（廖明睿先生提供）

旗後砲臺（部分）

砲臺正門今貌（八字牆，磚砌「囍」字）

　　旗後砲臺在臺灣近代史上可能是第一座融合西洋與中國形式，中西合璧的新式砲臺。日治末期，大砲被拆走、熔毀，「旗後砲臺」成為斷垣殘壁。二次大戰後，國軍另築碉堡，1991－1995 年修復，砲臺恢復大部分原貌。

旗後燈塔與宿舍群

指引迷津　·　旗後燈塔

　　1863 年打狗正式開港，商船往來頻繁，導航設施需求日益迫切。1883 年水師副將王福祿聘英籍工程師在旗後山北端山頂，興建中式方形紅磚建築的燈塔，內設英製六等單蕊定時光燈，能見度約 10 浬，以維夜間船隻進出打狗港的安全，可惜現今已不復存在，徒留燈塔基座。

　　日治時期擴建高雄港，1916－1918 年在舊燈塔旁興建新的白色八角歐式燈塔，八角形磚塔頂部為圓筒狀，設三等電燈，能見距約 20.5 浬，並有 24 小時電報發報系統。爾後燈具不斷更新，目前已換裝為新式四等旋轉透鏡電燈，光力增為 85 萬支燭光，指引海上的船隻，確保航海安全。

西子灣（左）與哨船頭（右）

　　八面體塔身下段前緣有三面牆體連接辦公室，從辦公室大門進入有長廊通往塔身，塔內設有旋轉樓梯上至塔頂。辦公室右側較大的空間，目前是展示室，左側區作為辦公室，此外塔前還有一座銅製日晷儀。

　　位於旗後山上的旗後燈塔，遼闊的視野，一望無際，盡收高雄港、柴山、西子灣與旗津海岸的無敵美景。

交通資訊

■　哈瑪星：高雄捷運橘線（西子灣—大寮）西子灣站

■　旗津：在「鼓山輪渡站」搭渡輪，或開車從高雄經「過港隧道」達旗津

國家圖書館出版品預行編目(CIP)資料

臺灣文化寶藏圖／林芬郁著.--初版.--臺北
市：五南, 2015.09
　　面；　公分.--(台灣書房；23)
ISBN 978-957-11-8022-9（平裝）

1. 文化史　2.台灣文化　3.通俗作品

733.409　　　　　　　　　104001630

閱讀台灣　23

8V49　臺灣文化藏寶圖

作　　者　林芬郁
總 編 輯　王翠華
主　　編　蘇美嬌
校　　對　林芬郁、許宸瑞
美術設計　果實文化工作室
封面設計　王譽臻
插　　畫　王譽臻

發 行 人　楊榮川
出 版 者　五南圖書出版股份有限公司
地　　址　106台北市大安區和平東路二段339號4樓
電　　話　(02)2705-5066 傳　　真：(02)2706-6100
網　　址　http://www.wunan.com.tw
電子郵件　wunan@wunan.com.tw
劃撥帳號　01068953
戶　　名　五南圖書出版股份有限公司

顧　　問　林勝安律師事務所　林勝安律師

出版日期　2015年9月初版一刷
　　　　　2016年2月初版二刷

定　　價　新臺幣350元

台灣書房

台灣書房